资产评估准则
思路与思考

陈明海 ◎ 著

中国财经出版传媒集团
经济科学出版社
Economic Science Press

图书在版编目（CIP）数据

资产评估准则思路与思考/陈明海著．—北京：经济科学出版社，2017.12（2019.7重印）
ISBN 978 – 7 – 5141 – 8771 – 7

Ⅰ.①资… Ⅱ.①陈… Ⅲ.①资产评估 – 规则 – 研究 – 中国 Ⅳ.①F123.7 – 65

中国版本图书馆 CIP 数据核字（2017）第 301277 号

责任编辑：于海汛
责任校对：靳玉环
责任印制：李 鹏

资产评估准则思路与思考

陈明海 著

经济科学出版社出版、发行 新华书店经销
社址：北京市海淀区阜成路甲 28 号 邮编：100142
总编部电话：010 – 88191217 发行部电话：010 – 88191522
网址：www.esp.com.cn
电子邮件：esp@esp.com.cn
天猫网店：经济科学出版社旗舰店
网址：http://jjkxcbs.tmall.com
北京季蜂印刷有限公司印装
710×1000 16 开 17.5 印张 250000 字
2017 年 12 月第 1 版 2019 年 7 月第 2 次印刷
ISBN 978 – 7 – 5141 – 8771 – 7 定价：45.00 元
（图书出现印装问题，本社负责调换。电话：010 – 88191510）
（版权所有 侵权必究 举报电话：010 – 88191586
电子邮箱：dbts@esp.com.cn）

前　言

　　良好的价值判断能力有助于经济和社会的稳定。一个人也许知道所有东西的价格，但却不一定知道这些东西的价值。市场上有时资产价格忽上忽下，主要是由于人们对事物和资产价值的判断出现了变化。对价值的判断，是一个取得共识的过程，而共识的形成需要有公认的标准。资产评估有助于人们认识资产的价值，形成合理共识，其公认的标准就是资产评估准则。资产评估专业具有近200年的历史，但评估准则的历史只有几十年，这是价值评估行业为维持合理价值标准而艰苦探寻的过程。中国资产评估准则建设虽然只有近30年的历史，但我们奋起直追，取得了丰硕成果，获得了行业内外和国际同行的广泛认可。

　　全面深化改革，撬动了经济和社会的各个部件。每个部件都在检讨自身功能，重新寻找定位。资产评估行业正在经历重大的变革。《资产评估法》颁布实施，行业管理体制正在进行重大改革，资产评估市场日益活跃，评估理论和实践的发展正在加速推进。这些都给资产评估准则建设创造了新的环境。中国资产评估准则需要保持定力，在新的环境中，协调各方需求，继续追求广泛的公认性。深入研究评估准则性质、内容和环境，对于评估准则后续发展十分必要。

本书中的小文是作者在参与评估准则建设过程中，对评估准则内在性质和外在作用、过去状况和未来发展的一些思考，希望能够从理解价值标准的角度，对建立合理的价值标准有所帮助。这些小文，有的涉及评估准则的属性，有的涉及评估准则体系，有的涉及评估准则内容，根据相互关系分为不同的部分。它们是作者多年来从事评估准则制定工作的一些感受和想法。

实践论指出，人们的认识运动，首先经历由实践到认识的过程，即在实践基础上从感性认识上升到理性认识，这是认识过程的第一次能动的飞跃；经过实践得到的理性认识，还须再回到实践中去，这是认识过程的第二次能动的飞跃，是更重要的飞跃。书中这些小文，对于认识评估准则可能还处于初级阶段，还需要上升或飞跃；同时，这些小文成文时间跨度大，虽已做了协调，但肯定有不周和不妥之处，敬请读者批评指正。

书中许多想法得益于工作和研究过程中领导、同事和专家的启发。成书过程中，中国资产评估协会副会长、秘书长张国春博士对本书写作给予了积极鼓励，为本书选定书名，对内容进行审核。中国资产评估协会副秘书长韩立英博士对本书给予了支持，对许多问题提出了建设性意见。在此，对各位领导、同事和专家表示诚挚的感谢！

2017 年 11 月

目　　录

第一部分　资产评估准则属性 …………………………………… 1

　　评估准则的含义 ………………………………………………… 3
　　评估准则的基本特征 …………………………………………… 8
　　评估准则的制定主体 …………………………………………… 12
　　评估准则的作用 ………………………………………………… 16
　　评估准则的种类 ………………………………………………… 21
　　评估准则的职业基础 …………………………………………… 24
　　评估准则与评估增信和价值发现 ……………………………… 28
　　评估准则与业务质量监管 ……………………………………… 34

第二部分　资产评估准则体系 …………………………………… 37

　　我国评估准则的发展阶段 ……………………………………… 39
　　共同参与的评估准则制定机制 ………………………………… 46
　　中国资产评估准则的体系 ……………………………………… 53
　　评估准则基本结构解析 ………………………………………… 58

评估准则建设中的几个假设 …………………… 61
中国资产评估准则体系评价 …………………… 63

第三部分　程序类资产评估准则 ………………………… 71

基本准则的演进和主要贡献 …………………… 73
德位相配远离殃灾 ……………………………… 85
问心无愧与瓜田李下 …………………………… 90
评估准则中对评估报告的重视 ………………… 96
评估程序准则的历史性 ………………………… 103
评估计划带来的纠结 …………………………… 112
不太合群的质量控制要求 ……………………… 117
工作底稿管理的新趋势 ………………………… 122
到底有多少评估方法 …………………………… 124
委托合同准则的作用 …………………………… 128
利用专家工作准则的"实"、"时"、"势" …… 134
对价值类型的再认识 …………………………… 139
如何关注评估对象法律权属 …………………… 148

第四部分　实体类资产评估准则 ………………………… 157

财富形态与评估准则 …………………………… 159
财务报告目的评估准则 ………………………… 168
企业价值评估中的单项资产评估 ……………… 175
为金融改革出一份力 …………………………… 179
关注实物期权　深度挖掘价值 ………………… 185
森林资源资产评估技术框架 …………………… 188
不可或缺的不动产评估准则 …………………… 193
珠宝首饰评估准则 ……………………………… 196
机器设备评估准则 ……………………………… 199
企业价值评估准则 ……………………………… 201

目 录

第五部分　资产评估准则发展……………………………………… 209
　　大数据时代的评估准则建设…………………………………… 211
　　标准化时代的评估准则建设…………………………………… 219
　　中国资产评估准则体系展望…………………………………… 226
　　法治和法制中的资产评估准则………………………………… 233
　　从制定估值报告准则的提议想到的…………………………… 240

第六部分　附录………………………………………………………… 249
　　资产评估准则建设大事记……………………………………… 251
　　中国资产评估准则名录………………………………………… 260
　　国际评估准则名录（2017版）………………………………… 262
　　美国评估准则名录（2018~2019版）………………………… 263
　　英国评估准则名录（2017版）………………………………… 268

主要参考文献………………………………………………………… 270

第一部分

资产评估准则属性

评估准则的含义

评估准则是规范行业执业行为，保证执业质量的重要基础。十多年来，我们在评估准则名义下做了大量工作，对评估行业的健康发展起到了巨大的推动作用。但是，我们对评估准则的内涵并没有刻意去研究。评估准则制定过程中，对评估准则内容的设计存在一些不同的观点，各方对评估准则也有不同的需求，这些观点和需求，源自各方对评估准则的不同理解。随着评估行业的成熟、评估服务市场的成熟和评估准则制定工作的不断演进，评估准则内涵的研究显得越来越重要。

一、准则指什么

"准则"一词在我国被社会普遍认识和使用，始于20世纪90年代初。1992年，党的十四大明确提出了中国经济体制改革的目标是建立社会主义市场经济体制。1993年，十四届三中全会作出《关于建立社会主义市场经济体制若干问题的决定》，设计了市场经济体制基本框架，确立了改革任务。此后，各类市场主体逐步发展，市场运行规则也逐步建立。西方发达市场经济体中一些积极的经验也逐渐引入，专业服务机构应运而生，相应地也开始了制定"准则"的新型工作。

准则在中文中有确切的解释。《现代汉语词典》中，准则就是言论、行动等所依据的原则。有些研究中对"准"和"则"也各有解释。我国对准则还因行政管理或使用习惯，有不同的翻译，如"标准"。仅从中文意思去理解准则，不过是指一种原则而已。

我们理解专业服务行业中的准则，还要看其英文原义。准则来源于英文"Standard"。根据牛津词典和朗文词典，Standard是一种可接受的水平，韦氏词典解释为计量规则。因此，从英文原义来看，准则是执业人员提供专业服务行为的规则，是一种公认执业水准。

在专业服务行业，随着与"准则"相关工作的演进，一些相关伴生词如"规则"（Rule）、"尺度"（Criteria）、"指南"（Guidance）、"守则"（Code）、"途径"（Approach）、"指引"（Gateway）等越来越频繁使用，"Standard"一词的含义也发生变化，越来越从其他伴生词中进一步超脱出来，主要体现原则性。这时的Standard，已经与中文的"准则"含义趋同。从这个角度来看，我国当初将专业服务领域的"Standard"翻译为中文的"准则"，简直高明。

"准则"有别于常见的"法"、"规定"、"制度"、"意见"、"通知"等。"准则"在我国的引入，为当时的专业服务领域带来一股新风。当然，准则引入我国也是需要适应我国国情的，在保留"国际范"的同时，去掉了民间性。当时的准则，多由政府或政府背景的团体制定。而且，我国专业服务领域的准则发现到现在，从其内容中来看，已经没有了原则和规则的界限。

二、准则的境界

有机会读到朱自清先生的一本著作《标准与尺度》，书名中的"标准"对应的是"Standard"。这是一本很老的书。书中有一篇《文学的标准和尺度》，对标准和尺度做了说明。这篇文章对于我们理解专业领域的准则和操作要求有很好的启发。朱自清先生认为，"标准"有两个意思，一种是不自觉的，我们用以衡量种种事物种种人，但对标准本身并不怀疑，并不衡量，只照样接受下来，作为生活的方便。另一种是自觉的，是我们修正了传统的种种标准，以及采用了外来的种种标准。这种自觉的标准在开始出现的时候大概多少经过我们的衡量，而这种衡量是配合着生活的需要的。第一种称为"标准"（Standard），第二种称为"尺度"（Criteria）。尺度相对不是固定的。用朱自清先生的观点来看待专业领域的准则，再贴切不过了。我们的准则，就是第一种标准，这种标准要传达一种执业理念，规定一些基本的原则，这是内在的执业要求。我们根据准则制定的其他指南、指引，则是一种尺度，这种尺度需要考虑执业的需要和外来的需求，比如服务提供者的需求、服务使用者的需求、监管者的需求。

与朱自清先生的著作相似，另一本文集也有相同的思想。2002年北京出版社出版了一本《准则与尺度》（*Standard and Measurement*）。这本书本身是一本诗人们写的文学评论集。我们通常认为，诗人们的思想是飘忽不定的，是没有准则和尺度的。但书名却使用了"准则与尺度"。带着疑问和好奇去读这本书，会发现编者的用意。诗人们用豁达的思想，剖析了自己所处时代的"尺度"，探索了时代演进中跨时代的不变的"准则"。

读过这两本书后，再看专业领域的准则建设，顿觉其庄重。准则是一个行业或专业的行为理念，是一种精神。不同阶段有不同的尺度，但专业理念需要一贯追求。这是专业服务人员的责任，也是准则制定者的责任。

三、准则理念在评估领域的实现

相对会计准则和审计准则，评估行业的准则曾稍欠完备，国际范围内都是这样。这与全球范围内评估行业或者评估专业身份不明晰有关。但毕竟已经产生了几个重要的评估准则体系。不过，现有各主要评估准则体系中都没有对评估准则做出定义。国际评估准则理事会制定的国际评估准则（International Valuation Standards）中，对评估准则的描述是，"为提升评估服务透明度和一致性，按照公认概念和原则执行评估业务时遵守的准则"。从各主要评估准则体系的内容看，评估准则对执业行为进行规范和指导，对客户关系、专业胜任能力、评估操作和披露提出标准，规定的是一种执业原则，没有较多地涉及执业规则。这种做法体现了评估准则的理念。

在我国，党的十四大以来，专业领域的准则发展很快。比如，会计制度被会计准则代替，独立审计准则体系快速建立。评估准则起步稍晚，但步伐很快。资产评估行业已经建立了较完备的评估准则体系，取代了此前的《资产评估操作规范意见（试行）》等其他形式的业务规范。这些评估准则以原则性为指导思想，体现了资产评估执业中的基本要求，展示了资产评估的专业理念。

四、对评估准则的哲学思考

资产评估是对评估对象的价值进行评定估算，形成专业意见。从哲学层面理解，资产评估既包括事实判断，也包括价值判断。评估人员根据资产评估程序，了解评估对象的基本情况，收集评估资料，开展现场调查，判断评估对象的存在性，这是事实判断，即"是与非"的判断，要遵循客观性原则。同时，评估人员还需要在事实判断基础上，对评估对象的价值进行评定估算，这项内容则是价值判断，即"此与彼"的判断，要遵循独立性和公正性原则。从资产评估服务性质来看，价值判断是资产评估的本质属性，评估结论不是对错的范畴，而是优劣的范畴。

鉴于评估业务的双重属性，评估准则既是事实判断标准，同时也是价值判断标准，且主要是价值判断标准。评估准则体现的是对价值观的塑造。价值观是基于人的一定的思维感官之上而做出的认知、理解、判断或抉择。价值观具有稳定性和持久性、历史性与选择性、主观性的特点。

价值观对动机有导向的作用，同时反映人们的认知和需求状况。评估准则通过合理设定价值观因素，指导评估师合理形成价值结论。价值观具有普遍性和特殊性。其普遍性，要求评估准则体现资产评估的基本规律，从而对执业人员行为进行约束，形成统一的行业价值导向。其特殊性，要求评估准则也体现特定阶层的意志，这为不同主体在制定评估准则时体现自身意志提供了空间。

五、评估准则建设中要把握准则内涵

评估准则建设是一个多方参与的过程，目的是实现各方意志的平衡，最大程度体现资产评估的基本规律。而这种方式，必将经历各方意见协调的过程。这个过程有时是艰难的，有时是两难的，考验制定主体的智慧。这种协调，有不同角度的考虑。从评估准则本义角度，则是把握大的方向。

一是要重标准轻尺度。准则的专业本质决定了其基本内容是原则性的，是理念性的。不属于准则的，不要写成准则。因此，尺度性的内容，应当尽量少地写入准则。否则，只能损害准则本身，且不会对执业产生积极作用。不合理的准则，不但不会形成专业理念，而且会限制实践的发展。

二是要普遍性和特殊性结合。追求普遍性是准则建设必须遵循的原则，但也要考虑特殊性价值观的要求。比如，我国评估准则制定主体不完全是行业组织，这就需要在评估准则内容上体现出特殊性。再如，评估准则内容要体现出行业发展不同阶段和市场发展不同阶段的需求，体现出时代特色。

评估准则的基本特征

评估准则制定中经常咬文嚼字。某些评估准则条款的要求是否过高，常常是难以决断的事。评估准则的要求，是高标准还是底线，也是经常争执的问题。

这些都涉及评估准则的特征。评估准则作为特定的专业标准体系，是经济行为中重要的行为规则。无论是国际评估准则还是国别评估准则，都具有一些基本特征。

一、科学性

评估准则的科学性体现在多个方面。

1. 评估准则依据的评估理论是广为认可的。评估准则是评估理论在评估实践中的反映。经过近百年的发展，世界范围内评估理论已经比较成熟，从广义的财务范畴中显现出来，形成了通用的概念、原理、方法和技术，为评估准则的制定提供了坚实的基础。

2. 评估准则的制定程序是规范的。国际评估准则的制定由专门的准则委员会负责，委员会委员来自不同的方面，具有较强的代表性。其他评估准则体系的也都有专门准则制定组织。评估准则制定过程中，立项、起草、征求意见、审议、发布、修订等都具有完备的程序。"程序规范"是规则科学的重要保障。

3. 评估准则的专业逻辑是完整的。无论是单项准则还是评估准则体系，都要保证专业逻辑的完整。单项准则的内容要覆盖执业流程的全过程。评估准则体系中各项目关系清晰，衔接融洽，配合得当。

二、公认性

评估准则的实施前提是其公认性。

评估准则公认性分为不同层面，不同类型的评估准则处于不同的公认层面。从评估行业外延角度，公认性分为行业协会层面、国家层面和国际（区域）层面。行业协会层面的公认是评估准则存在的基础，国家层面和国际（区域）层面的公认是准则公认的延伸。从评估准则内涵角度，公认性分为行业内部公认和业内外公认。大部分评估准则在其行业协会内部会员层面得到公认，部分评估准则逐步实现业内外公认。

三、门槛性

评估准则是评估人员执业的最低要求，是执业的门槛。不能满足评估准则要求的评估业务，是不合格的。

一些培训机构持续推荐最佳实践（Best Practice），评估准则制定过程中也有意见引入最佳实践要求。由于不同执业人员的专业胜任能力不同，最佳实践并不是所有评估执业人员都能达到的水平；由于评估目的的不同，最佳实践不一定是所有目的评估业务中需要执行的标准；因此，最佳实践不能作为评估行业的执业准则予以确认。国际范围内几个主要的评估准则体系中，国际评估准则、美国评估准则

（USPAP）都没有提及最佳实践。英国皇家特许测量师学会（RICS）红皮书（Red Book）中，只在评估指南层面明确说明是最佳实践。从推动评估执业水平发展角度考虑，最佳实践是评估行业的执业标杆，是评估执业行为发展的引力，是一个拉（Pull）的动作。评估准则是评估行业执业行为的底线，是评估执业行为发展的推力，是一个推（Push）的动作。

四、实践性

评估准则的实践性包含多个含义。

1. 评估准则来自于评估实践。评估准则是评估理论和评估实践结合的产物。评估准则中的内容，主要是以丰富的评估执业实践为基础，是通用业务惯例的总结和提炼，凝练出具有一般规律性和普遍指导意义的行业技术规范。评估准则中部分演绎性内容，也有理论基础，遵循公认原则，旨在规范和推动评估实践。

2. 评估准则以评估实践为目标。评估准则的目的是规范和指导评估实践，因此，评估准则的要求应当与评估目的相结合，促进评估业务的执行和评估目的的实现。评估实践处于不断发展变化中，评估准则需要及时修订，持续满足评估实践的需求。

3. 评估准则的规定必须经得起实践检验。评估准则的规定应当具有实践的可行性。对评估专业行为的规范，可以抱有一种追求理想状态的信念，但评估准则的具体规定，必须考虑技术、成本、时间等的可行性。

五、规范性

评估准则的规范性是指评估准则内容要素较为齐全，格式相对统一，语义非常清晰。

要素较为齐全，是指每项评估准则中包含了必须具有的内容。通常，为了使评估准则的读者正确理解和使用评估准则，评估准则中必须说明准则的制定目的、制定依据、适用范围、主要技术要求、生效日期等。

格式相对统一，是指评估准则应当具有相对固定的格式，以方便理解和使用。这也是评估业务风险防控的基本规律决定的。

语义非常清晰，是指评估准则的用词不能含糊。哪些要求是必须达到的，哪些是可以选择的，都必须清晰地作出规定。评估准则每项条款的含义不能有多种可能的解释，不能产生歧义。

评估准则的制定主体

不同层面的评估准则,其目的是不一样的。从目前发展阶段的特征看,国际性评估准则(包括国际组织制定的评估准则和某些区域性评估准则)的目的,在于专业协调。而国别评估准则,或某个专业组织制定的行业性评估准则,则存在于特定法律环境中,或特定专业环境中,评估准则的目的或侧重于规范执业行为,或侧重于服务监管,或侧重于便利使用。不同目的的评估准则,制定主体也不同。

一、几类主要的评估准则的制定主体

评估准则制定主体大致分为几种主要类型。

(一)国际或跨协会组织

这类主体制定国际性评估准则或区域性评估准则,其评估准则主要适用于专业协调。如国际评估准则由国际评估准则理事会(The International Valuation Standards Council)制定。国际评估准则理事会是一个独立的、非盈利性、非政府组织。该组织是联合国的非政府组织成员（NGO），并于1985年获得了联合国经济社会理事会的认可。其制定的国际评估准则致力于在全球范围内形成一致的专业评估技术运用，促进经济全球化，其评估准则目前对会员不是强制性的。《欧洲评估准则》（European Valuation Standards，EVS）是由欧洲评估师协会联合会（The European Group of Valuers' Associations，简称TEGoVA）制定。TEGoVA是根据比利时法律成立的、以评估领域的研究和教育为目的的非盈利性专业协会，总部设在比利时布鲁塞尔。目前，其会员由27个国家的46个专业评估协会组成，并代表着约70000名欧洲评估师的利益。欧洲评估准则对会员是参考性的。美国评估准则（USPAP）由美国评估促进会（The Appraisal Foundation，AF）制定。美国评估促进会（AF）是由专业评估机构和协会共同组建的独立的评估专业组织。美国评估促进会获得美国国会授权为评估准则制定和评估师资格认定的评估组织。国会之所以授权，是因为国会需要对涉及联邦权益的交易进行监管，授权后，根据国会相关规定，涉及联邦权益的交易必须遵守USPAP，其他类型的业务，可以不遵守。

（二）政府部门

这类主体制定的评估准则，具有公共产品属性，评估准则本身具有较强的权威性和地位。政府制定的评估准则适用于资产管理和评估业务管理。

如我国的资产评估基本准则由财政部制定。一些国家的不动产类评估准则也由政府部门制定。

（三）评估专业组织

这类主体为自己的会员制定评估准则，其准则适用于会员执业。例如，我国的资产评估执业准则和职业道德准则由中国资产评估协会制定。英国评估准则由英国皇家特许测量师学会（The Royal Institution of Chartered Surveyors，RICS）制定。美国评估师协会、美国评估学会、加拿大企业价值评估师协会也各自制定了自己的评估准则。

二、评估准则制定主体的影响因素

评估准则制定主体受多种因素影响。

（一）法律环境的影响

市场经济为主的环境中，法律对专业服务的干预较少，专业服务行业的规则由市场主体自主制定。在这种法律环境中，评估执业行为的独立性较强，评估准则多由评估行业协会组织制定。

而市场经济不完善的环境中，一些经济规则采取法律或行政管理的方式，专业服务行业的执业规则也存在由法律规定或政府制定的方式。

（二）不同专业内容的影响

不同评估准则的内容相差很大。同一评估准则的内容，在不同时期差异也很大。

多数评估准则，特别是综合性的评估准则，通常由单一的独立专业组织制定，如国际评估准则。但一些单项资产评估准则，如不动产评估准则，则受不动产管理法律框架的影响。例如，日本和韩国的不动产评估准则都是由财政部制定，与不动产管理法规配套。

（三）评估业务监管体制的影响

一些存在于市场主体之间的经济行为涉及的评估业务，公权力部门不作干预，其评估准则的制定多由专业协会自主制定。

而对于评估业务服务的经济行为涉及公共利益时，公权力部门的介入是理所当然的。例如，中国评估准则中，基本准则由财政部制定，这是因为中国资产评估业务服务的大量经济行为涉及国有资产的管理，涉及公共利益，需要政府介入。

三、不同制定体制下的优缺点

评估准则制定过程中，有三种导向，一是业务导向，二是监管导向，三是评估报告使用导向。不同制定主体对三种导向的关注程度不同。

由行业自律组织制定评估准则，优点是注重业务导向，评估准则内容专业性强。但由于这种评估准则对监管导向和评估报告使用导向的关注相对较弱，导致（1）评估准则的社会认可度较低；（2）一业多会的情况下，不同评估准则之间的协调度不足。行业协会制定评估准则有失败的教训，如美国 USPAP 之前的各协会制定的评估准则。

由公权力部门制定或授权制定评估准则，优点是社会认可度高，评估准则实施障碍较少，评估准则可以跨协会实现协调。政府部门制定评估准则的成本要远低于民间团体。因为，政府具有诺斯所说的暴力优势，它可以借助于政府的集权和管制，加强对各类评估准则使用者的约束力和制约力。公权力部门制定评估准则也有缺点：（1）监管导向的评估准则制定模式中，可能使公权力总是超出合理的界限，导致执业成本上升，影响评估准则的实践性。公权力部门可能会在评估准则中要求过多的评估程序和痕迹管理。（2）公权力部门的身份影响评估准则的质量。例如，资产管理部门对待评估报告，体现的是监管者身份，还是资产所有者身份。两者的需求不同，在评估准则中体现出不同程度的冲突。（3）公权力部门拥有的知识存量存在较大的局限性，对评估准则的要求可能不合理。

评估准则的作用

评估准则之所以存在并且得以发展，在于其不可或缺的作用。评估准则产生于制止执业乱象，规范执业行为。经过长期发展，评估准则发挥的作用越来越广泛。

一、评估准则应当发挥的作用

（一）业内执业标准

资产评估作为一项专业性工作，要求执业人员具有规范的执业行为和良好的专业能力。这是评估行业得以持续、健康发展的重要基础。评估准则作为评估行业的基本职业规范，提供了全面的执业标准，是评估行业规范执业行为，塑造独立、客观、公正专业形象的重要前提和保障。

（二）外部使用标准

评估准则的外部使用，主要体现在业务质量监管和评估结论理解方面。

监管方在进行执业质量检查时,评估准则是判断评估程序是否恰当履行、专业判断是否遵循专业原则的重要依据。目前,一些重要的监管方已经将评估准则的规定作为执业检查的主要依据。

资产评估的服务目的是向社会提供含有价值意见的评估报告,这是评估行业的产品。这种产品能否取信于社会,关键是质量问题。而对产品质量的判断,从社会公众角度,主要看产品的生产标准。评估准则为社会公众判断评估报告质量,提供了可行的标准。评估准则中对评估业务的执行、评估报告的形成等主要环节作出了规定,可以使评估服务的使用者比较合理地判断评估行业产品的基本质量。此处所指对评估报告质量的判断,是对行业整体服务水平的判断,而不是对单个评估报告质量的判断。评估准则通过提供行业统一的执业标准,在社会公众中形成明确的质量意见,从而维护评估行业在社会公众中的专业地位。

(三)维护评估行业正当权益

资产评估服务,较多地运用专业判断。评估报告使用者对服务质量有自己的期望值。两者在实践中出现差异时,评估报告使用者自然会对评估报告质量提出质疑。此时,评估准则是合理解释质量、化解质疑的重要手段。在一些司法判决中,法庭对评估执业责任的判断,也会考虑评估准则的规定。

国际评估准则理事会前主席费尔南德斯认为(2007),当评估师以专业过失原因被起诉时,一套完善的评估准则就是他在法庭上最有力的辩护。如果评估师已经遵守了评估准则的要求,起诉方就很难证实评估师存在专业过失。许多法庭认为评估师应当对客户、第三方以及公众尽到谨慎义务,而一套清晰的评估准则恰能最好地衡量这种义务。同时,客户、第三方以及公众也是评估准则的保护对象,他们可以根据评估准则对那些没有遵守评估准则的评估师采取行动。

（四）维护评估服务市场

一方面，评估准则本身向评估师描绘了服务市场。另一方面，鉴于评估服务的咨询性质，评估服务市场需要通过专业服务质量进行维护。完善的评估准则可以宣示一种优质的服务基础。国际评估准则理事会前副主席巴蒂斯库（2007）认为，评估师要借助评估准则来为其执业增加可信度，或是借助评估准则来确定其业务范围。另外，评估师将评估准则视为应对竞争的手段。在我国资产评估行业，资产评估准则虽然不是市场开发工具，但当前的实践中，资产评估准则在服务资产评估师巩固特定服务市场方面发挥了重要作用。

（五）推动专业提升

评估准则受评估理论的指导，与评估实践结合。评估准则在评估理论基础上，对评估实践进行指导的同时，接受评估实践的反馈，在评估方法、价值内涵等理论层面提供进一步支持。评估准则已经成为评估理论重要的组成部分。对评估实践中一些技术内容的探讨、争论，带动了评估理论的研究。随着评估准则的制定，一些理论方面的争论就会消除，认识和实践上的就会趋于统一。评估准则发布后，评估理论界和评估实务界通常需要围绕评估准则的实施展开工作和研究，开展相关培训，促进评估准则实施并不断改进准则。通过这些方式，评估理论水平会随着评估准则的制定实施不断得以提高。评估业务工作质量和理论水平的提高，无疑会带动评估教育水准的提高，有助于培养评估理论人才，推动评估事业进一步发展。

二、对评估准则作用层次的分析

评估准则具有不同的作用，但这些作用在不同准则、准则的不同阶段发挥得不一致。评估准则的作用可以分为核心作用和派生作用。

提供业内执业标准，规范评估执业行为，是评估准则的核心作用。任何评估准则，都必须能够实现这一作用。其他的作用是对外派生作用，是附属性的。理由如下：

1. 从评估准则的产生根源来看，其最原始的目的是规范执业行为，而不是其他目的。1971年，英国房地产价格上升20%，1972年上升42%。石油经济也促使产油国房地产价格飙升。但仅仅在第二年，部分地因为评估程序的疯狂差异（Wild Inconsistencies），英国房地产市场崩盘（Crashed）。作为应对措施，英国皇家特许测量师学会于1976年制定了最早的评估准则——资产评估指南（Guidance Notes on the Valuation of Assets）。

2. 从价值观角度来看，资产评估是判断好与坏，多与少，而较少考虑对与错。因此，评估准则更多地服务于评估执业，而对于监管目的下的对与错，以及维护行业利益等作用，则很难全面顾及。

3. 准则国际趋同的背景下，必然导致评估准则对专业理念和专业程序的聚集和强化，而对其他方面需求的关注度降低。监管需求和评估报告使用需求难以实现国际趋同。

4. 评估准则是评估执业的唯一标准，但在监管、市场维护、专业提升中，评估准则却不是唯一的手段。

三、评估准则作用对评估准则制定工作的启示

准则作用具有历史性，不同历史阶段，作用可以有所侧重。但无论如何，某些作用是准则无法承担的，如教育培训作用。评估准则的作用影响着评估准则内容的设计。

评估准则的内容必须以服务执业促进质量提升为目标。评估准则的内容，在专业理念上要保证业务的基本质量，在评估程序上要保证合理防范执业风险。

评估准则需要服务于外部使用。但外部使用不得影响评估准则内容的专业性和完整性。例如，不能因为评估准则的内容成为外部监管的抓手，就可以修改评估准则内容，降低执业标准。而应当从优化服

务角度、提升服务满意度角度化解矛盾。

　　当前，国际评估准则理事会大力推动全球评估准则的一致化。在这一背景下，各评估准则制定组织在制定本组织评估准则时，突出准则的技术作用，对于提升本组织评估准则国际化水平具有重要的意义。

评估准则的种类

了解评估准则的种类，有助于深入理解评估准则。按照不同的标准，评估准则有不同的分类。

一、按评估准则适用范围分类

按照适用范围，评估准则可以分为国际性评估准则、区域性评估准则和国家性评估准则。

国际性评估准则包括国际评估准则等，此类准则的制定主体通常是国际评估组织，在全球范围内使用。

区域性评估准则包括欧洲评估准则、澳大利亚-新西兰资产评估准则等，此类评估准则的制定主体通常是区域性专业组织或不同专业组织联合制定，其评估准则在本区域内适用。

国家性评估准则只在制定主体所在国适用。如英国评估准则、美国评估准则和我国的资产评估准则等。

研究评估准则的适用范围并合理分类，对于经济全球化进程中，加强评估准则国际合作，更好地服务会员开展国际业务具有重要意义。近年来，随着准则制定组织会员的全球化，以及评估业务的跨国趋势，评估准则的地域性逐渐模糊。而会员分布情况成为评估准则使用范围的主要影响因素。例如，RICS 的会员遍布全球，英国的全球评估准则中要求其会员执行其全球评估准则，随着评估业务的跨国趋势，评估准则适用范围扩大。

二、按评估准则内容分类

资产业务具有基本的程序，评估准则需要对此做出规定。在基本评估程序基础上，不同类型的资产评估业务中技术方法的运用也不同，评估准则也需要有针对性地做出规定。此外，相同资产类型的评估业务，处于不同的经济行为中，其关注点又有所不同，评估准则中也需要根据不同的评估目的提出差异化要求。根据这些专业特点，评估准则可以分为程序类评估准则、资产类评估准则和行为类评估准则。

程序类评估准则对重要评估程序的履行作出规定。如国际评估准则中的工作范围准则、评估报告准则、评估方法准则等，我国资产评估准则中的评估报告准则、价值类型准则、业务约定书准则、工作底稿准则等。

资产类评估准则对特定资产的评估业务提供指导。如各主要评估准则体系中都包括的无形资产评估准则、企业价值评估准则、机器设备评估准则、不动产评估准则等。

行为类评估准则对特定经济行为中的评估业务提供指导。抵押评估准则、财务报告目的评估准则、保险目的评估准则等。

国际评估准则和我国的资产评估准则是按内容分类的典型代表，程序类准则、资产类准则和行为类准则都包含。而英国评估准则按资产和行为分类。美国的评估准则（USPAP）则主要按资产进行分类。

三、按评估准则是否强制执行分类

评估准则有强制遵守和推荐使用之分。这又分两个层次。

1. 是否有法规的要求。有些法律环境中，法规对遵守评估准则提出强制要求，这种评估准则就是强制性的。法规没有强制要求的，评估准则的执行主要依据制定主体的要求或评估专业组织对会员的要求。各评估专业组织通常会要求会员必须遵守本组织的评估准则，这是会员的一种义务。

2. 评估准则内容是否强制执行。通常，评估准则中的内容都是需要遵守的，但在主要的强制性准则内容之外，许多评估准则都不同程度地提供一些参考性内容。这类内容有的以单独技术项目的形式提供，如国际评估准则和英国评估准则中的评估指南、美国评估准则中的准则声明；也有些参考性内容与强制性准则项目存在于同一个准则项目中，如2013版国际评估准则的"解释"内容，美国评估准则的"注释"内容。

评估准则的职业基础

评估准则存在于特定职业中，与所在职业的基本要求、理论和实践密切关联。评估准则的产生的发展，离不开评估职业的理论、实践和职业要求。

一、评估准则与评估职业标准体系

一种职业区别于其他职业的特征包括某种特定的专业技能、共同价值标准和行为守则、承担对社会的责任（作为回报，通常可以独享某一称谓或获得某一资格）。

评估在许多司法区域并不是单独的身份。许多国家的评估执业人员与会计、审计、财务、企业管理的从业人员共用同一职业称号。但从职业特征的基本要求来看，评估可以形成单独的职业体系。

作为一个职业体系，需要设定自己的职业标准体系，包括：

1. 职业进入标准。如资格要求、教育背景要求。
2. 行为标准。如胜任能力要求、执业标准、职业道德标准。
3. 职业维护标准。如继续教育标准、质量管理标准、监管标准。

评估准则是评估职业标准体系的重要组成部分。评估准则属于职业标准体系中的行为标准，以规范业内人员的执业行为和职业道德行为为主。与职业进入标准和职业维护标准相关的内容，不是评估准则需要规范的内容。

我国资产评估准则体系中，部分准则曾经涉及了职业进入标准和职业维护标准。这些内容与资产评估行业的管理环境和执业环境有关。随着资产评估法的发布和行业管理体制的逐渐规范，资产评估准则的内容将可以有所调整。

二、评估准则与评估理论

理论是指人们关于事物知识的理解和论述。评估理论是人们根据经济学基本原理和评估实践，对资产评估基本原理和基本规律的总结和演绎。评估理论与评估准则具有紧密的关系。

（一）评估准则以评估理论为基础

评估准则以评估理论为基础，对资产评估基本要素的内涵及其相互关系作出界定。如评估对象、评估范围、评估目的、价值类型、评估假设、评估方法、评估程序等。

评估准则遵循基本的评估原理，对评估的职能作出基本判断，以此规划评估程序实施的通用方式，设定评估程序履行的深度和广度。

（二）评估准则不完全来自评估理论

评估准则的主要理念来自评估理论，但不完全来自评估理论。例如，评估准则中与业务约定书相关的内容，以合同法相关法律理论为基础。与质量控制相关的内容，则借鉴了公司治理和内部控制理论的相关要求。与企业价值、无形资产评估相关的内容，则与管理学、市场学等理论关系密切。

（三）评估准则对评估理论具有促进作用

评估准则既是评估理论的需求者，也是评估理论的提供者。评估准则对于评估实践的规范和引导，对评估理论是一种检验。同时，对评估实践中新问题、新情况的研究和解决，对于评估理论是一种促进。

三、评估准则与评估实践

评估实践是评估专业人员在特定执业标准中的专业活动。这种特定的执业标准，有的是存在于执业者心中的，有的是存在于法规和准则中的。在"漫长的"评估实践中，评估执业人员有评估准则相伴的时间并不长。评估准则的制定，将评估理论与特定的法律框架相结合，对评估实践产生着影响。

（一）评估准则是评估实践的总结和提炼

评估准则中许多优秀的做法，来自评估实践经验的总结和提炼。这些做法，在过去评估实践中经过检验，切实有效，纳入评估准则用于规范未来的评估实践。

评估准则中也有根据基本执业规律，提炼的高于实践的内容。这些内容用于引导和提升评估实践的水平，促进评估实践的进一步发展。这种情况出现于当前的评估实践已经落后于市场需求、存在低水平重复时，通过评估准则推动评估实践上升到正常水平。

（二）评估准则对评估实践具有限制作用

评估准则和评估实践是类似生产力与生产关系的关系。二者匹配时，可以相互促进。二者矛盾时，评估实践会受到较大影响。

不适当的评估准则，对评估实践的影响有多个方面：

1. 限制专业判断。如果评估准则对评估程序规定过于僵化，则会限制评估执业人员在具体业务环境中的专业判断。

2. 固化执业人员思维。长时期对评估准则的遵守，容易形成执业惯性，固化执业人员的专业思维。

3. 限制新业务规则的建立。评估准则的相对稳定性，对于变化较快的市场环境和业务需求来说，可能限制新业务规则的建立。

4. 增加执业成本。评估准则的规定适用于普遍意义的评估实践，为了保证行业整体执业质量，设定了最低的执业要求。但这种最低执业要求，具有主观性，包含着执业谨慎原则，可能增加行业整体执业成本。

（三）评估准则与最佳实践

评估准则的要求并不是最佳实践。评估准则与最佳实践并不矛盾。最佳实践是具体操作层面的规则性建议。而评估准则的要求则是原则性要求。需要时，评估准则可以以某种方式和最佳实践结合，提升和促进评估实践向前发展。

评估准则与评估增信和价值发现

资产评估的咨询性和鉴证性的讨论开始得很早,一直没有形成结论。这种情况对评估准则的制定一直产生着影响。

一、鉴证与咨询的不同标准及其评价

在鉴证与咨询的讨论中,涉及不同标准的使用,会得出不同结论。

1. 评估结论能否改变。评估结论如果能改变,则资产评估是咨询性业务。如果评估结论不能改变,则资产评估是鉴证性业务。

这种标准对咨询性业务存在误解。即使是咨询性,在相关条件已经设定、评估程序适当履行后,评估结论也不应该随意改动。

2. 交易中是否直接采用评估结论。如果交易双方直接按评估结论进行交易,则资产评估为鉴证性业务。如果交易双方在评估结论基础上做适当修正,则资产评估发挥的是咨询功能。

这种标准混淆了评估结论与交易价格的关系。特别是在国有资产管理角度,资产评估报告是国有资产交易价格的主要参考依据,有时甚至是唯一依据。在国有资产交易过程中,实质发挥了定价功能,因此强化了资产评估的鉴证作用。但普遍意义上讲，交易价格由交易双方根据各自意愿谈判决定，与资产评估结论不存在必须联系。

3. 执业人员承担的责任。如果评估报告使用人因使用评估结论造成损失，执业人员需要承担法律责任，则资产评估为鉴证类业务。如果不需要承担责任，则资产评估为咨询类业务。

这种标准不是从资产评估性质角度分析，而是从法律规定的角度进行分析，容易产生误解。

4. 对执业人员是否有独立性要求。如果需要执业人员在交易中保持独立性，则资产评估为鉴证类业务。如果没有独立性要求，则执业人员可以偏向于某一方提供咨询意见。

这种标准对独立性要求有误解。无论是鉴证业务还是咨询业务，执业人员都应当保持独立的职业态度，独立进行分析估算，形成合理的价值结论。至于是否考虑委托方人要求，则需要看执业条件的要求，如果属于设定条件，则不影响评估过程。

5. 资产评估业务是否有法律规定。法定评估业务为鉴证性业务，非法定评估业务为咨询性业务。

这种标准也是只考虑了外部的因素。即使是法定评估业务，不同法律环境中赋予资产评估的功能也是不同的。有些法规明确规定按评估结论定价，但有的法规只是规定需要进行资产评估，没有明确说明评估结论的使用方式。

可以看出，这些划分标准，都没有完全体现资产评估业务的真正性质。

二、评估业务的鉴证性与咨询性辨析

鉴证和咨询有简单而直接的区别，可以说鉴证业务是指业务结论对其他业务结论提供增信服务，而咨询业务是一种独立的新服务。

1. 从资产评估的起源来分析，其咨询性是较明显的。当剩余产品出现，商品交换逐渐频繁后，显然存在着对资产价值进行评估的需要。这种评估，是为交换双方提供一种专业意见，供双方参考，并不是定价，凭借的是经验。无论经济交往，政府工作、法律事务，或者社会活动，都是这样。此后，随着资产类型多样化和形态复杂化，资产评估的需求更加迫切。

2. 从资产评估技术方法来看，其只能是咨询性的。科技的发展，使得人们可以从过去、现在和将来的不同角度审视资产的价值。这时的资产评估变得技术化，专门知识和技能成为必须。人们可以估算重新建造或更换现有实体资产所需的成本，可以预计某类资产获取未来经济收益能力，可以通过参照物确定资产的价值。资产评估的技术化和评估方法的多样化，使得评估结论的确定性受人员能力和技术水平的影响加大，而不同方法的结论，在其技术路径中都是合理的。技术合理但结论可能不同的服务，必然是咨询性质的服务。

3. 对评估结论使用方式的管理赋予资产评估鉴证功能。一些资产管理法规、市场管理法规中，对资产评估结论的使用做出了规定。有的要求相关的定价直接使用资产评估结论。这种做法事实是赋予资产评估鉴证职能，但这些规定是从评估结论的使用方式上做出的规定。因此，不是对资产评估性质的规定，不影响资产评估的性质。这些规定本身是可以改变的，而资产评估的性质不会改变。

三、清理整顿中介行业对资产评估功能的影响

1999年开始的经济鉴证类中介机构清理整顿，统一将各类中介服务机构称为经济鉴证类中介机构。这为资产评估增添了一层神秘的鉴证外衣。

其实《国务院办公厅关于清理整顿经济鉴证类社会中介机构的通知》中并没有对经济鉴证类中介组织作出定义，但以列举方式确定了清理整顿范围："清理整顿的范围是：与市场经济运行和市场经济活动有着密切关系、对维护市场具有重要作用，并依靠专业知识和技能向社会提供经济鉴证服务的经济鉴证类社会中介机构（包括实

行企业化经营或者从事经营活动的事业单位）及其行业管理组织，如会计师（审计）事务所、财会咨询公司、税务师事务所、律师事务所，各种资产评估、价格鉴证、工程造价审计（审核、咨询）等经济鉴证类社会中介机构以及相关的行业管理协会、公会、管理中心等。"

这种列举，更多是方便开展工作，而不是从服务实质上进行定义。列入清理整顿范围的中介服务机构，性质并不完全相同，有些相互差异很大。政府使用这种称谓，也不是对各种专业服务进行定性。在此后的其他规定中，体现了这一精神。

2000年7月14日《关于经济鉴证类社会中介机构与政府部门实行脱钩改制的意见》对经济鉴证类社会中介机构作出明确："经济鉴证类社会中介机构是指：利用专业知识和专门技能对经济组织或经营者的经济活动及有关资料进行鉴证，发表具有证明效力的意见，实行有偿服务并承担相应法律责任的机构或组织；利用专业知识和专门技能接受政府部门、司法机关的委托，出具鉴证报告或发表专业技术性意见，实行有偿服务并承担法律责任的机构或组织；利用专业知识和专门技能，为经济组织或经营者代理委托事项，出具证明材料，实行有偿服务并承担相应法律或其他责任的机构或组织。"这个文件实际上把资产评估剥离出经济鉴证类中介行业之列。但此前清理整顿工作的影响并未完全消失。

四、资产评估属性对评估准则的影响

我国资产评估的法律定性和作用目前缺乏统一认识，即资产评估到底是发挥咨询作用还是鉴证作用没有明确。管理部门、司法部门、评估行业、社会公众对此各有认识，各有解释。两种作用下评估师所承担的法律责任是不同的，因而对评估师执业行为的要求也有着很大不同。反映到评估准则中，在这两种不同思路指导下，评估准则规范的内容和重点也有着很大不同。

当然，无论鉴证还是咨询，从专业技术角度，评估准则的基本操作要求是不变的，必要的程序要求、普遍的工作范围要求都是相同的。但业务性质的确也影响着评估准则的内容。

（一）质量控制内容关注度不同

对于鉴证性业务的规范，质量控制制度需要严密，保证业务流程的规范性、专业意见的合理性。咨询类业务中，从执业角度做出质量控制要求不多见，更多是从后续监管中，或由市场进行优胜劣汰。因此咨询性质评估业务的评估准则中对质量控制的内容可以较少涉及。

（二）评估报告详略程度不一致

鉴证类业务的业务报告通常是简单明了的意见结论，不需要做过多的说明，"是"或者"不是"一目了然。业务报告的格式也可以有标准的格式。而咨询类业务不同。咨询类业务是提供一种独立的全新的意见，这种全新的意见，不是一句话能够说清楚的。这种业务中，仅仅把业务信息放在工作底稿中已经不能满足使用需求。咨询类业务的业务报告中需要向委托方和评估报告使用者提供必要的基础资料、执业程序信息、业务结论的限制信息，要详细说明业务过程中的判断过程，最大程度帮助委托人了解业务过程，理解业务结论。而且，还需要让合理的第三方或监管者能够理解业务过程和业务结论。这也是为什么评估报告往往是厚重的，而我们所知的审计报告往往是几页纸。因此，评估准则中对评估报告的要求需要详细、严格，确保评估报告满足使用要求。对于一些特殊经济行为或特殊资产的评估报告，还需要做出特别的规定，如国有资产评估报告。

（三）责任不同对评估程序的影响

鉴证性质的业务，业务程序的要求相对需要固化，不允许有波动的空间。咨询性质的评估业务，在确保评估业务质量的目标下，评估程序的规定可以较为基本，较为灵活。当前主要的评估准则体系中，对评估程序的规定都是原则性的基本要求，对于每项评估业务中的具体操作步骤，则保留了足够空间。这与资产评估的本质是相符的。价值的发现，可能没有统一的路径，一切适宜发现特定资产价值的步骤和方法，都应该是评估准则所允许的。

评估准则与业务质量监管

评估准则和业务质量监管具有极为密切的关系,但二者并没有必然的联系。

一、评估准则为执业质量监管提供了直接的依据

评估准则的主要目的是保证执业质量。业务质量监管过程中,对评估师执业质量的判断,可以理所当然地把评估准则当作判断依据。

同时,业务质量监管对于评估准则的实施具有强有力的促进作用。由于评估准则是一种底线,不遵守评估准则的结果对于评估执业质量的损害是明显的,质量监管对于执业人员遵守准则具有直接的压力。业务质量监管是促进评估准则有效实施的重要手段。

二、评估准则不是业务质量监管的唯一依据

评估准则是业务监管的重要标准,但不是唯一标准。根据业务监管内容的不同,需要考虑相关法规的要求或行业内部规矩的要求。

第一部分 资产评估准则属性

1. 评估准则不可能对业务操作做出全面的规定，只是对某些重要环节做出原则性规定。业务监管需要考虑评估业务的具体情况，以及评估执业过程的具体方式，对这些行为的判断，可能无法全面在评估准则中找到依据。这就需要监管者，在评估准则原则规定的基础上，发挥专业判断，合理裁量。因此，评估准则，特别是道德层面的准则，是监管的重要依据，但不是监管的全部依据。

除了评估准则中已有的规定，评估准则没有规范到的内容，只能靠监管者本着基本的专业理念进行判断。当然，如果监管的内容只是检查评估准则的遵守情况，则另当别论。

这与交通管理相似。交通规则可以规定道路通行秩序，但再全面的交通规则，也不能完全指导所有的道路通行情况，交通事故责任的划分，还需要交警或法官根据事实进行具体判决。

这也是为什么几乎所有的准则中都没有违规责任的规定或惩戒规定。评估准则与业务质量监管难以建立直接的对应关系。

2. 评估准则是相对静态的，难以及时适应动态的执业环境。立法的精神是普遍理性的体现。评估准则是评估执业中普遍规律和要求的体现。但这种普遍性是有时效性的，反映特定时点法律环境、市场环境、专业环境、行业服务供给能力等多种因素。因此，法也好，评估准则也好，是静态的。而普遍性是动态的，是随着时间不断变化的。因此，可以说，法和评估准则一旦制定出来，就是过时的。而监管是需要考虑具体情况的。

3. 监管的最高境界是遵守专业理念。在一个著名案件发生后，最高法在调研时强调了两点：一点是，司法审判不能违背人之常情。案件的审判，首先要最大限度追求法律正义；同时，要兼顾社会普遍正义。这体现了德治的要求，人情也是德治应有之义。讲人情，要尊重人民群众的朴素情感和基本道德诉求，司法审判不能违背人之常情。另一点是，依法独立审判与尊重民意并不矛盾。要准确把握依法独立公正行使审判权和尊重民意的关系。独立审判与尊重民意并不矛盾，要坚持辩证法、两点论，不能走极端、陷入主观主义和教条主义，坚决防止一强调独立审判就不考虑人民群众的期望和关切，一强调倾听群众呼声就放弃独立审判的原则和要求。

我们注意到，这两点强调意见，传递了一种执法的精神。执法必须依法，这是不容置疑的，法是根本遵循；但公序良俗等因素也需要考虑，有时也会合理地影响执法。资产评估业务的监管，评估准则是重要依据，但评估业务的具体情况，也需要区别情况加以考虑。

三、业务质量监管中需要对评估准则内容区别对待

我国的资产评估准则体系中，有不同的准则项目。这些准则项目在内容上有很大差异。有的原则性较强，有的刻意强调了规则性。有的规定是执业底线，有的规定是一种倡导或者处于底线提升阶段。对于建设初期评估准则的这些特点，监管中有较大的使用难度。监管实践中可能不得不有所区分。

例如，对于评估准则中底线性的规定，评估师违反准则规定时的监管措施可能会较为严格。但对于评估准则中的倡导性规定，可能会另当别论。

第二部分

资产评估准则体系

我国评估准则的发展阶段

我国的资产评估行业起步于对外开放过程中的国有资产管理,此后较长的时期内主要服务领域是国有资产管理。资产评估行为是政府资产管理的一个重要环节,规范执业行为的标准主要是政府发布的文件或经政府认可的行业协会文件,如《资产评估报告基本内容与格式的暂行规定》《资产评估操作规范意见(试行)》(中国资产评估协会制定,国家国有资产管理局转发)等。客观上,这些文件为初创期步履蹒跚的资产评估执业行为建立了良好的行为标准,保证了基本执业质量,有效促进了资产评估在国有资产管理中作用的发挥。

但是,这些执业规范很大程度上考虑了国有资产评估项目管理的需求,而对资产评估执业程序等业务环节的关注尚处于起步阶段。执业标准发展较慢与国民经济快速增长和市场体制加速完善的矛盾越来越突出。同时,在社会主义市场经济创建初期,市场体制不成熟,市场主体的行业约束机制不健全,资本市场规则刚刚建立,国有资产管理在适应市场体制方面也存在转轨期的不顺畅,由此产生了资产交易中的价值发现产生偏差,致使一些国有资产交易中的价值偏差引起了较大的社会反响。如涉及无形资产评估的麦科特事件(虽然现在回看时评估的作用需要重新分析），评估过程中评估师对法律权属的不当保证，评估报告使用人对评估结论本身的关注大于对评估程序的关注等。这些问题的出现，使得市场和监管方对资产评估的执业标准加大了关注，因此，执业标准的不完善成为经常提及的问题。

也是在这种背景下，部分媒体通过与其他专业服务行业准则建设情况的比较，抛出了资产评估行业"十年无准则"的说法，对资产评估行业产生了较大压力。这种情况下，评估准则制定工作承担了扭转资产评估行业专业形象的重任。

至2016年《资产评估法》发布时，资产评估行业共有资产评估准则28项。从2001年发布第一项资产评估准则算起，这些准则用了15年的时间逐步建成。这15年，又可以划分为几个具有明显特征的阶段。

一、市场应急阶段

评估准则制定工作在做好系统规划的同时，以解决市场和社会关注的重点问题为突破口。2001年，为规范市场上普遍关注、问题频出的无形资产评估业务，财政部发布了《资产评估准则——无形资产》。同时，启动了资产评估基本准则、评估对象法律权属指导意见、评估报告准则、评估程序准则、企业价值评估准则、珠宝首饰评估准则、金融不良资产评估准则等主要程序类准则和应急性实体类准则的研究。这一阶段在2003年结束。

虽然这一阶段非常短暂，但财政部和行业协会通过多种方式进行沟通和宣传，完成了大量的基础性工作，为后续的评估准则建设奠定了基础。

一是明确了资产评估准则覆盖各种所有制形式的资产。由于我国资产评估产生于国有资产改革的需要，资产评估一直和国有资产管理相联系，国有资产评估项目管理和评估行业管理也是息息相关，行业管理寓于项目管理。虽然项目管理和行业管理在1998年和2000年进行了初步分离，但并没有做到彻底分离。此前的执业规范，以服务国有资产为主。资产评估准则制定初期，即明确服务于各种所有制形式，从单纯为国有资产服务转向为公共利益服务。财政部关于印发《资产评估准则——无形资产》的通知中指出，"为了规范注册资产评估师执业行为，提高执业质量，维护社会公共利益，促进社会主义市场经济的健康发展……"可以看出，评估准则不仅仅服务于国有资产管理，而是扩展到其他所有制形式。

二是聚集了行业力量。2001年时，为聚合行业力量开展资产评估准则制定工作，成立了资产评估准则组。这为繁重的评估准则建设工作提供了专业支持。

三是开始将评估报告的使用关注点，从评估结论本身转移到评估程序的履行。评估程序准则等程序类准则的研究和宣传，开始逐步扭转社会各界对评估报告的关注点，合理看待专业服务的意识大幅提高。

四是相关的法规政策环境逐渐形成。应急阶段，财政部和中评协已经开始规划评估准则的有序建设。如《国务院办公厅转发财政部关于改革国有资产评估行政管理方式加强资产评估监督管理工作意见的通知》《国务院办公厅转发财政部关于加强和规范评估行业管理意见的通知》。资产评估管理体制改革正为资产评估准则的制定创造良好环境。

二、搭建基础阶段

这一阶段自2003年开始，至2007年资产评估准则体系发布为止。这一阶段规划了资产评估准则体系的基本框架，确定了评估准则的专业基础，发布了一系列基础性准则，获得了相关各方的共同支持。

（一）资产评估基本准则发布

基本准则的研究在评估准则制定工作初始即已开始。在应急阶段，基本准则的构建思路也已经对抢先发布和处于研究阶段的其他评估准则产生了事实的指导。相关评估准则已经预设了基本准则的专业基础和体系要求。2004年，财政部发布了中国资产评估协会制定的《资产评估准则——基本准则》和《资产评估职业道德准则——基本准则》。两项基本准则发挥了"龙头"作用，标志着资产评估准则体系初步建立，为此后的准则建设提供了明确的指引。

（二）组建了评估准则制定组织

由于资产评估涉及面很广，因此，评估准则制定过程中需要充分发挥相关各方的作用，切实保证准则制定工作的广泛参与性。除合理的评估准则制定程序以外，汇集各方代表的评估准则制定组织也是重要保障。2007年，财政部成立资产评估准则委员会，中评协组建了资产评估准则技术委员会，此外还成立了评估准则咨询委员会。

三个准则委员会均由评估行业行政管理部门、资产管理部门、科研院校、评估报告使用者、资产评估行业和相关行业人士组成，具有广泛代表性，体现的是专业支持力度和准则实施的协调力度。

（三）培育了理性使用评估报告的环境

发挥资产评估应有的作用，不但需要评估行业的努力，更需要有效地评估报告使用者群体的配合。理性的评估报告使用者会根据管理和经营需要，对评估师和评估业务提出合理要求，如评估中价值类型和评估报告类型的选择等，并根据评估结论和相关经济行为目标进行决策。而在我国的长期实践中，由于多数评估业务是基于法律强制性的要求，评估业务委托者和使用者也大多是以政府名义出现的各种国有资产管理者、经营者，并未形成真正意义上的评估报告使用者，在使用评估结论方面也很大程度上是消极的和被动的，即被动地接受评估结论，或直接、简单地将评估结论与经济行为决策联系起来。因此，评估报告使用者的概念在我国长期没有得到重视和应用。随着国有资产管理体制和经济管理体制的改革，评估报告使用者逐渐多元化，证监会、国资委、金融机构等都成为评估报告的重要使用者或使用监管者。

这一阶段，通过准则制定过程中的协调、通过准则实施过程中的协调，理性使用评估报告的环境逐渐形成。

（四）资产评估准则体系发布

评估业务中涉及的资产、经济行为多种多样，评估准则的制定需要统一规划，相互配合，形成合力。由于没有完备的法律依据，评估准则的作用和地位不明确，影响评估准则的内容。为了有效指导和规范评估实践，根据目的导向原则，确立了评估准则体系构架。

评估准则体系构架解决了评估准则的范围问题，既规范业务操作，也规范职业道德行为；解决了准则层次问题，针对评估程序、资产类型、经济行为分别制定评估准则。

（五）必要的准则项目基本建成

经过这一阶段的建设，基本的评估程序都有了相应的准则项目，如业务约定书、评估程序、价值类型、评估报告、工作底稿等；主要资产类型都有了准则项目，如企业价值、无形资产、不动产。

（六）规范评估准则制定程序

这一阶段，形成了有效的资产评估准则制定程序。资产评估准则制定程序主要包括：评估准则起草组起草相关准则草拟稿；就起草中的相关问题向专家咨询组进行咨询；根据专家咨询组的意见进行修改形成准则征求意见稿，根据准则重要性分别由财政部或协会发布征求意见稿；根据反馈意见进行必要修改，形成送审稿，报相应准则委员会审议；资产评估准则委员会审议后，形成拟发稿，由财政部或中评协发布。

（七）大胆借鉴国外评估准则

在准则体系框架、准则专业理念、术语、基本程序和方法等重要方面，中国资产评估准则在吸收国内相关专业标准经验的同时，大胆借鉴国外评估准则。国际评估准则、美国评估准则、欧洲评估准则、英国评估准则等都是重要的借鉴对象。这种借鉴为我国评估准则及至评估行业有效融入国际评估社会提供了基础。

三、有序推进阶段

这一阶段开始于2007年，至2013年为止。

这一阶段，在资产评估准则体系指引下，资产评估准则建设有序推进，成果丰硕。这一阶段的评估准则建设，也具有显明的特点。

一是国有资产仍然是主流业务，为国有资产管理服务仍是评估准则不可推卸的责任。《企业国有资产评估报告指南》《金融企业国有资产评估报告指南》等评估准则项目陆续发布。其他评估准则中，也充分考虑国有资产评估管理的需求。

二是在细类资产的评估方面提供专业指导。如无形资产评估中专利、商标、著作权资产的评估准则相继制定。评估准则深度进一步增强。

三是启动了评估准则修订工作。由于评估实务的复杂性以及评估理论的相对不成熟性，借鉴国际上主要评估准则体系的有益做法，对已经发布的评估准则进行及时修订，不断完善，保持评估准则的时效性和指导性。先后完成了无形资产评估准则、珠宝首饰评估准则、评估报告准则等准则的修订，评估准则制定机制更加完善。

四是评估准则制定与评估理论研究、实践的互动有所演进。评估准则是评估理论和实践经验的高度浓缩与概括，其制定过程必须建立在坚实的理论和实践基础上。我国资产评估准则的制定过程，应当是业内专家和全行业通过研究和总结不断提高评估理论和执业水平的过程。同时，由于管理和执业惯性，不同时期的评估实践甚至评估理论存在低层次循环发展的状况，评估准则的制定不能拘泥于现有的理论和实践。评估准则在引导评估理论研究和提升评估实践水平方面做了尝试。如价值类型的研究、收益法的推广、期权评估的引进、利用专家工作格局的设计等。

五是评估准则获得社会广泛认可。资产评估机构从不了解、不习惯使用评估准则，被动遵守准则，已经发展到主动使用评估准则、主动参与和影响评估准则的制定。监管部门已经将评估准则当作重要的监管依据。社会公众已经将评估准则作为重要的判断标准。

四、社会主动使用阶段

2015年，跟踪网络舆情的同事问我，某某省委发布文件，要求贯彻落实《文化企业无形资产评估指导意见》，这个指导意见是不是中评协制定的。我说是。同事又问，地方省委为什么要发文落实协会的准则。我说这是中央的要求。2015年，中办、国办印发《关于推动国有文化企业把社会效益放在首位、实现社会效益和经济效益相统一的指导意见》，意见中明确提出制定《文化企业无形资产评估指导意见》，这是评估准则社会影响扩大和专业地位提升的表现。

2017年，文化部、工业和信息化部、财政部发布《中国传统工艺振兴计划》，要求"加强金融服务，探索建立传统工艺企业无形资产评估准则体系"。

以上政策法规，显示了一种新的做法，即政府在开展资产管理制度设计时，主动对评估准则的制定提出要求，通过评估准则规范评估行为，继而提升交易行为公正性和资产管理水平。这说明，资产评估准则已经为社会普遍接受和使用。

共同参与的评估准则制定机制

市场经济条件下,"规则"不能仅仅体现某一特定利益群体的利益,而是相关方集思广益后达成的共同遵守的"契约"。国际上准则类专业文件的制定非常重视利益相关方意见的输入。在证监会国际组织的第33次年会上,美国证券交易委员会主席考克斯在题为"国际财务报告准则:符合全球投资者利益的透明度和可比性承诺"的演讲中指出,国际财务报告准则成功的5个关键要素是:(1)准则必须为投资者的利益而拟定;(2)准则制定的过程必须透明;(3)准则制定者必须是独立的;(4)准则制定者必须是负责任的;(5)至关重要的是,所有的利益相关者都应参加到准则制定过程中以确保准则的成功。

这是对国际财务报告准则制定所提的期望,但同样适用于评估准则的制定。国际主要评估准则体系的制定都特别注重各方的参与。

中国资产评估准则的制定机制中,通过组建相应的准则委员会和规范评估准则制定程序,实现各方的普遍参与。

一、财政部和中评协的准则制定职能

资产评估法发布前,根据《国务院办公厅转发财政部关于加强和规范评估行业管理意见的通知》,评估行业行政管理部门制定评估行业管理的规章制度,评估行业协会拟定并组织实施评估执业准则和职业道德准则。根据此通知的基本精神,财政部发布了资产评估执业基本准则和职业道德基本准则;中国资产评估协会根据基本准则的授权,制定具体准则、评估指南和指导意见。《资产评估法》的规定确认了这种分工。《资产评估法》规定:"行政管理部门制定资产评估基本准则"。行业协会的职能包括,"根据资产评估基本准则制定执业准则和职业道德准则"。

二、准则制定组织

财政部和中评协成立了三个委员会,发挥专业咨询作用。

(一) 财政部资产评估准则委员会

为保证资产评估准则制定工作的顺利进行,增强准则的科学性、权威性,财政部2007年成立资产评估准则委员会《关于成立财政部资产评估准则委员会的通知》。委员会由财政部主管领导、中评协领导和相关政府部门的领导及有关专家构成。资产评估准则委员会代表领导层对准则进行审议。财政部资产评估准则委员会职责包括:审议财政部拟发布的资产评估准则;审议中国资产评估协会拟发布的资产评估准则;对资产评估准则的体系、体例、结构、立项等提供咨询意见;对资产评估准则涉及的重大或专业性问题提供咨询意见;对资产评估准则的具体实施提供咨询意见。

在财政部成立资产评估准则委员会,具有重要意义。

1. 符合国际惯例。设置独立的权威机构制定评估准则是许多国家或国际组织采用的方式,如美国国会评估分会中设有评估准则委员会,国际评估准则理事会也设有独立的准则委员会。

2. 有利于增强评估准则的公认性。评估准则委员会的委员,有的来自重要领导岗位、有的是行业内的知名人士,可以从不同角度对评估准则进行把关,使评估准则更具科学性。在总体把关的同时,委员会可以注意评估准则与其他部门规章和规定的协调,增强评估准则可操作性,减少实施过程中的麻烦。这是评估准则公认性的基础。

3. 有利于增强评估准则的权威性。委员会的组成人员来自许多具有代表性的部门,都是行业内乃至社会上的知名人士和学术权威,对国家宏观经济政策、有关法律和法规、资产管理理论和实务都非常熟悉,掌握国际、国内行业发展的新动态,了解对评估准则的新需求。委员会对评估准则稿严格审查把关,努力使评估准则务实、完善,保证其质量。这样,可以大大提高评估准则的地位,树立评估准则在行业内的更高的权威性。

4. 符合评估准则的特点。会计准则是实体性准则,对不同主体的利益进行权衡。审计准则是程序性准则,主要对审计师的执业过程进行规范。评估准则包括程序性准则和实体性准则。程序性准则针对评估业务流程的相关环节做出规定,实体性准则针对不同的评估对象做出规定。程序性准则主要规范评估行业内部执业问题,往往可以由中评协直接发布。实体性准则往往涉及对评估对象或经济行为进行监管的政府部门,如审计署、国资委、证监会、银监会、国家知识产权局等,为促进评估准则的实施和协调,实体性准则往往需要以财政部名义或财政部与相关部门联合的名义发文认可。因此,考虑到评估准则的特点,需要在财政部设立资产评估准则委员会,加强政策协调。

(二) 中评协设立评估准则技术委员会

中评协评估准则技术委员会人员来源与财政部资产评估准则委员

会人员来源相似，但更加注重具体的工作处置。如相关资产管理部门的委员来自具体处理资产事务的岗位，监管部门的委员来自直接审核检查评估业务的岗位。这种配置接近了技术委员会的工作与评估准则内容的距离能力。技术委员会同时利于开展评估准则国际交流。国际上与评估准则相关的交流，主要是专业交流，许多情况下是以准则委员会或行业协会为主体。

中评协资产评估准则技术委员会作为中评协理事会下属的专门委员会，其职责是：审议资产评估准则制定计划；审议资产评估准则草稿、拟发稿，提供咨询意见；组织资产评估准则相关的专题研究；推动资产评估准则国际交流；承担财政部资产评估准则委员会办公室相关工作。

（三）成立资产评估准则专家咨询委员会

资产评估准则专家咨询委员会包括境内外专家，境内专家由相关部门领导、专家学者、评估机构代表、评估报告使用者代表（银行、不良资产管理公司、证券和保险管理部门等）组成；境外专家由国际组织、外国及港澳台地区评估行业知名学者、专家组成。咨询委员会就资产评估准则制定工作提供咨询意见，参与资产评估准则不同阶段的研究，承担资产评估准则相关专项研究工作等。咨询委员会体现的是专业水准，委员都具有非常高的专业水平。

三个委员会是评估准则多方参与的组织保障。

三、评估准则制定程序

评估准则制定程序大致分为研究起草、征求意见、委员会审议阶段。这些程序可以保证在三个委员会的基础上，社会各方更大范围的参与。

起草阶段，对参与起草人员具有代表性的要求。通常项目组需要包括评估机构、科研院校、政府部门、评估报告使用者代表，从准则起草一开始就吸收各方意见。

公开征求意见阶段是充分吸收意见的重要窗口。这个阶段，准则面向全社会公开，各界都可以提出修改意见。如特定准则项目，还会向重点的利益相关方定向征求意见。

审议阶段则是在委员会平台上广泛吸收各方意见。

四、起草工作中的招投标机制

评估准则建设初期，业务需求和市场需求与制定主体的专业供给能力存在矛盾，无法同时开展多项评估准则制定。为方便集中大量制定评估准则，同时满足评估准则制定程序管理要求，我国评估准则建设尝试开展了招投标机制。2004年，《招投标管理办法发布》，第一批投标准则项目随机公示。

此举获得业内外热情支持和参与，调动了社会和行业的积极性和专业力量，扩大了评估准则制定工作的影响。

但操作结果显示，招投标方式并不能很好满足评估准则制定工作需求。比如，业外投标者对评估准则理解不深入，特别是在评估准则刚刚起步，中国评估理论稍欠完善的情况下，业外投标者的研究内容和工作思路与准则建设要求存在差距。业内投标者各自组建团队投标，也分散了评估专业力量，不利于评估准则的研究。不同项目、不同投标组存在人员交叉问题，可能会影响中标后人员作用的发挥。

基于这些因素，评估准则制定过程中，没有再开展大规模集中招标。随着评估准则体系逐步完善，目前评估准则项目较多地采用自主起草方式、课题研究方式或邀标方式。

自主起草方式中，由制定主体承担具体起草工作，组织专家提供技术支持。

课题研究方式中，制定主体通过委托课题方式开展评估准则研究，评估准则建议稿是课题研究的成果之一。这种方式可以保证评估准则项目具有较厚实的研究基础。

邀标方式中，制定主体通过一定程序遴选具有相应经验和能力的专业人士组建项目组，具体承担准则项目的研究起草工作。这种方式中，要求准则起草项目组中具有各相关方面的代表。这种方式既能保证项目组专业水平，又可以保证项目组的代表性，是一种行之有效的评估准则研究起草方式。

五、准则联络员制度

为促进评估准则建设，2005年，中评协在各地方评估协会建立资产评估准则联络员制度，并发布了《资产评估准则联络员管理办法》。2006年，又在证券资格评估机构建立准则联络员制度。

准则联络员职责是：了解本地评估执业界和本评估机构在评估准则方面的需求，组织在本地和本评估机构就评估准则征求意见稿等其他事项征求意见，反映评估准则在本地和本评估机构实施过程中的问题。准则联络员在评估准则制定过程中发挥了良好的桥梁纽带作用。

由于证券评估机构准则人员变动较大，相关职能与地方协会准则联络员重复。2016年，中评协取消了证券评估机构准则联络员。

财政部资产评估准则委员会和中评协资产评估准则技术委员会框架图

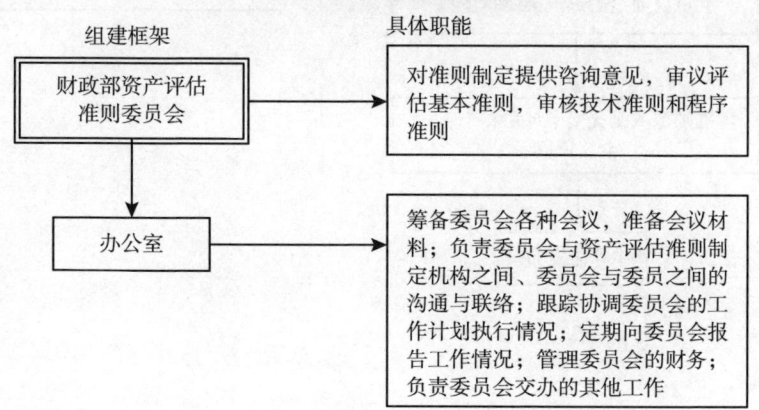

组建框架	具体职能
财政部资产评估准则委员会	对准则制定提供咨询意见，审议评估基本准则，审核技术准则和程序准则
办公室	筹备委员会各种会议，准备会议材料；负责委员会与资产评估准则制定机构之间、委员会与委员之间的沟通与联络；跟踪协调委员会的工作计划执行情况；定期向委员会报告工作情况；管理委员会的财务；负责委员会交办的其他工作

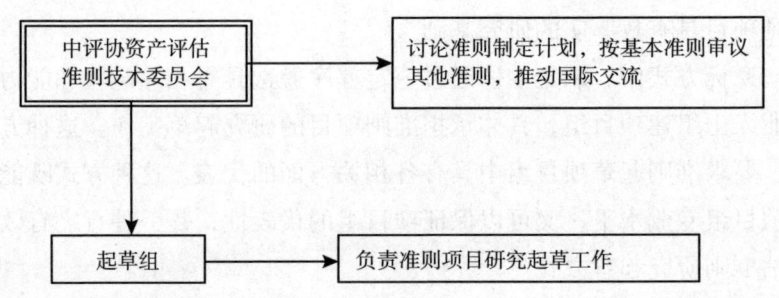

资产评估准则思路与思考

```
┌─────────────────┐      ┌─────────────────────────────┐
│ 中评协资产评估   │ ───> │ 讨论准则制定计划，按基本准则审议 │
│ 准则技术委员会   │      │ 其他准则，推动国际交流           │
└─────────────────┘      └─────────────────────────────┘
         │
         ▼
┌─────────┐      ┌───────────────────────┐
│ 起草组  │ ───> │ 负责准则项目研究起草工作 │
└─────────┘      └───────────────────────┘
```

备注：财政部资产评估准则委员会办公室设在中评协，具体事务的处理由中评协资产评估准则技术委员会执行。

准则发布程序图

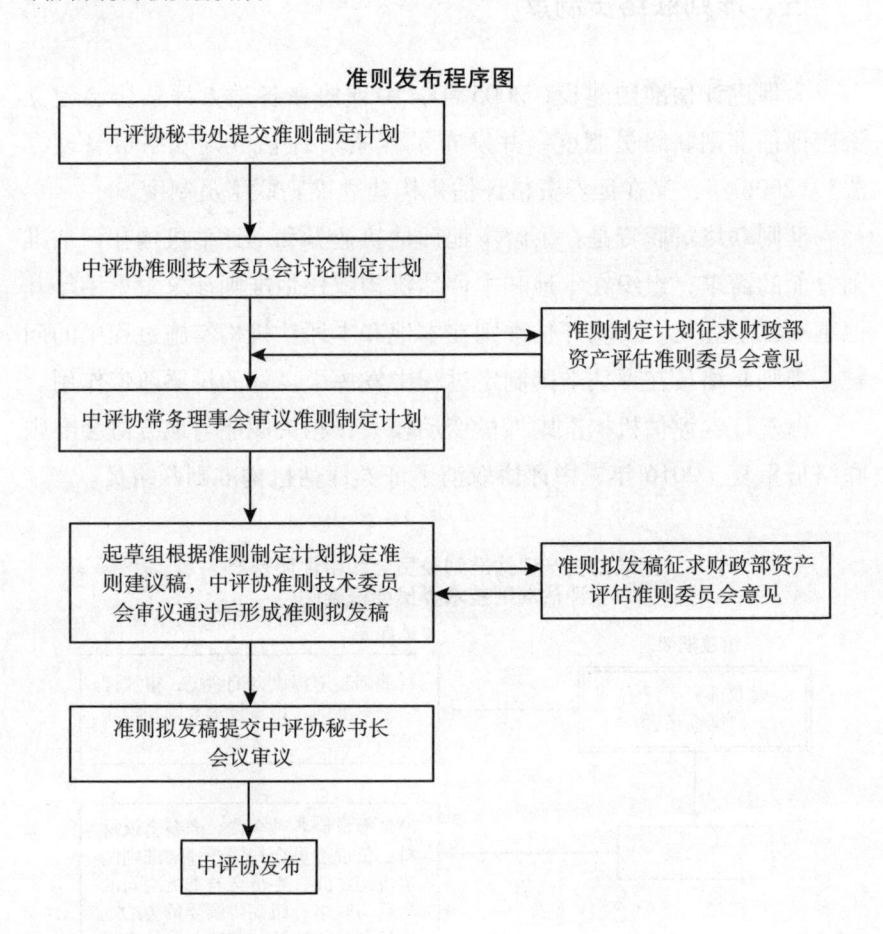

```
┌───────────────────────────────┐
│ 中评协秘书处提交准则制定计划   │
└───────────────────────────────┘
               │
               ▼
┌───────────────────────────────┐
│ 中评协准则技术委员会讨论制定计划 │────┐
└───────────────────────────────┘    │   ┌─────────────────────────┐
               │                     ├──>│ 准则制定计划征求财政部   │
               │                     │   │ 资产评估准则委员会意见   │
               │                     └───└─────────────────────────┘
               ▼
┌───────────────────────────────┐
│ 中评协常务理事会审议准则制定计划 │
└───────────────────────────────┘
               │
               ▼
┌───────────────────────────────┐      ┌─────────────────────────┐
│ 起草组根据准则制定计划拟定准   │ ───> │ 准则拟发稿征求财政部资产 │
│ 则建议稿，中评协准则技术委员   │ <─── │ 评估准则委员会意见       │
│ 会审议通过后形成准则拟发稿     │      └─────────────────────────┘
└───────────────────────────────┘
               │
               ▼
┌───────────────────────────────┐
│ 准则拟发稿提交中评协秘书长     │
│ 会议审议                       │
└───────────────────────────────┘
               │
               ▼
┌─────────────┐
│ 中评协发布  │
└─────────────┘
```

中国资产评估准则的体系

体系，泛指一定范围内或同类的事物按照一定的秩序和内部联系组合而成的整体，是不同系统组成的系统。当以体系指称评估准则时，已经设想了一个框架。这个框架中由许多类似的评估准则项目组成。中国资产评估准则的制定，由于其内涵丰富，需求多样，一开始就是在统一的评估准则体系指引下逐步开展的。

一、评估准则体系的重要性

1. 评估准则需要避免基本要求和评估程序内容的重复。评估准则既要规范特定资产评估业务的基本要求、基本评估程序的履行，又要指导专业判断的实施。由于资产评估涉及的资产类别、经济行为很多，不同资产类别、经济行为的评估，都遵循基本的专业理念、职业道德要求和评估程序要求。如果在每个评估准则中都详细完整地重复这些要求，评估准则内容将显得臃肿。因此，在评估准则体系中设置不同类型的准则项目，互有分工、彼此协调，十分必要。

2. 现阶段的评估准则对专业判断的指导需要有层次性。处于快速成长期的我国评估行业，服务提供者差异性较大，评估机构体量有巨大和细小之分，执业人员有资深和生猛之分，各自对评估准则的需求存在较大差异。评估准则的内容不能无视这些情况的存在，需要承担提供技术支撑的任务。此外，评估准则中除规范当前评估实践外，还需要具有一定的前瞻性，促进实践水平的提升。

3. 评估准则既要考虑执业者需求，又要兼顾监管方和使用者的需求。我国评估行业的服务对象有一些专门的要求，如国有资产评估对评估报告有格式要求。我国的评估行业也希望通过评估准则与特定服务方构筑稳固的关系，如财务报告目的评估。评估准则的这些任务，要求评估准则在考虑执业者需求的同时，兼顾评估服务对象的其他需求。而这些特定方的需求，需要特定的评估准则项目予以反映。

二、构建评估准则体系的原则

（一）综合性原则

我国资产评估行业的执业范围是综合性的，包括企业价值、无形资产、不动产、机器设备等多种资产类型。评估准则也应当是综合性的评估准则体系，包括各主要类别资产的评估准则。

（二）分工性原则

评估准则体系中各项目，应当界限清晰、分工明确，各自对特定事项做出规定。除必要的重复外，不宜有过多交叉。合理的分工可以避免出现评估准则项目间的冲突。

（三）层次性原则

评估准则的内容针对不同执业者需求，可以有详略差异。资产类型本身也具有层次，相应的评估准则也应该体现出这些差异。合理设置评估准则层次，可以保证评估准则体系的逻辑性。

三、评估准则体系的基本框架

（一）资产评估法发布前后的变化

资产评估法发布前，评估准则体系分为执业准则和职业道德准则两部分。

由于资产评估工作的特点，评估师职业道德准则与业务准则的许多内容很难截然分开。国际上主要的评估准则体系中，其他准则体系很少有单独的职业道德准则。香港测量师学会和美国评估师协会等则单独制定了职业道德规范，但其职业道德准则没有突出的地位。为突出职业道德在我国资产评估行业中的重要作用，我国资产评估准则体系将资产评估职业道德准则与资产评估业务准则并列。这与我国市场经济体制建设初期市场环境相适应。

资产评估法发布后，根据法律要求，评估准则体系分为基本准则、执业准则和职业道德准则。业务准则与职业道德准则中有相当一部分基本规范内容交叉重复，如合理假设、明确披露等既是资产评估职业道德准则中的重要内容，也是资产评估业务准则的重要内容。因此，根据资产评估法精神，两项基本准则中的基本执业要求和职业道德要求合并形成一项资产评估基本准则。具体的要求分别在执业准则和职业道德准则中规范。这种结构也可以满足市场经济体制逐步完善的执业环境和行业执业素质的要求。

（二）基本准则的主要内容

资产评估基本准则是评估师执行各种资产类型、各种评估目的资产评估业务的基本规范。目前在各国评估准则及国际评估准则中并没有类似的基本准则部分可供我们参考，确切地说目前我们制定的资产评估准则体系和资产评估基本准则是第一次试图将各类资产评估的共同规范有机地结合在一起。

评估基本准则是规范各类资产评估业务的基本规范，其规范内容应不区分所评估资产的类别和评估目的，而是各类资产评估业务中所应当共同遵守的基本要求。资产评估基本准则对于其他评估准则项目具有一定的"引出"作用，但并不与其他评估准则一一对应。

资产评估法发布前的基本准则，是在评估准则体系总体分工前提下设计准则内容，主要规定了基本概念、原则，较少涉及操作要求和披露细节。这些要求交由具体准则、评估指南和指导意见做出规定。

资产评估法发布后，根据评估法精神，同时考虑资产评估行业行政管理和自律管理方式的改革，基本准则制定思路有所调整。新的基本准则制定原则是，在没有其他评估准则项目的情况下，基本准则应当能够满足基本的执业需求和业务管理需求。

所以资产评估法发布前后，评估准则体系的改变不仅仅是结构的改变，评估准则内容也发生了较大变化。

(三) 执业准则的具体层次

资产评估执业准则由于涉及面广，在纵向关系上分为三个层次：

第一层次为资产评估具体准则。资产评估具体准则分为程序性准则和实体性准则两个部分。

程序性准则是关于评估师通过履行一定的专业程序完成评估业务、保证评估质量的规范，包括评估业务约定书、评估计划、评估工作底稿、评估报告等，程序性准则的制定需要与目前我国资产评估行业的理论研究和实践发展相结合。评估师只有履行必要的资产评估程序，才能保证资产评估的质量，至少在程序上避免重大的遗漏或疏忽。同时在争取司法部门对资产评估准则认可的前提下，程序性准则也是评估师合理保护自身权益的重要依据，将有助于将委托方、社会公众和司法部门对资产评估责任的关注点从评估师具体的专业判断，引向对评估师履行资产评估程序的充分性和恰当性方面上来。

实体性准则是针对不同资产类别的特点，分别对不同类别资产评估业务中的评估师执业行为进行规范。根据我国资产评估行业的惯例和国际上的通行做法，实体性准则主要包括企业价值评估准则、无形资产评估准则、不动产评估准则、机器设备评估准则、珠宝首饰艺术品评估准则等。

第二层次为资产评估指南。资产评估指南包括对特定评估目的、特定资产类别（细化）评估业务以及对评估中某些重要事项的规范。评估师在执行不同目的的评估业务中，所应当关注的事项也是不同的，资产评估指南对我国资产评估行业中涉及主要评估目的的业务进行规范，如规划中的公司注册、公司股份经营、关联交易、抵押贷款、不良资产处置、法律诉讼等。

第三层次为资产评估指导意见。资产评估指导意见是针对资产评估业务中的某些具体问题的指导性文件。该层次较为灵活，针对评估业务中新出现的问题及时提出指导意见，某些尚不成熟的评估指南或具体评估准则也可以先作为指导意见发布，待实践一段时间或成熟后再上升为具体准则或指南。

（四）职业道德准则的结构

资产评估法发布前，资产评估职业道德准则分为基本准则和具体准则两个层次。具体准则层次规划了独立性、胜任能力、利益冲突等项目。

资产评估法发布后，基本的职业道德要求归入《资产评估基本准则》中，其他职业道德要求通过单一的《资产评估职业道德准则》做出规定。

评估准则基本结构解析

与大多数法律法规一样,资产评估准则也有基本相同的结构。

通过对准则体系中各评估准则项目的结构进行分析,可以看出,每项准则大致包括总则、基本遵循、各主要板块要求和附则。

总则部分,通常包含评估准则的制定依据、制定目的、效力条款等内容。一些需要明确的重要定义,也放在总则部分。基本准则的制定依据是《资产评估法》《资产评估行业财政监督管理办法》。其他评估准则的制定依据通常是基本准则;部分细类资产的评估准则的制定依据是其上级资产评估准则,如专利资产评估指导意见的制定依据是无形资产评估准则,投资性房地产评估指导意见的制定依据是财务报告目的评估指南;一些评估准则项目还需要根据具体内容以相关法律法规作为制定依据,如委托合同准则的制定依据之一曾是合同法。2017年资产评估准则全面修订前,基本准则、具体准则和评估指南的该部分称为"总则",指导意见的该部分称为"引言"。2017年资产评估准则全面修订后,本部分内容统一称为"总则"。2017年之前,总则部分通常包括准则适用范围的规定,2017年后不再对评估准则适用范围做出说明,是否遵照执行或者参照执行,按相关法律和行政法规要求执行。

基本遵循部分，通常是对准则约束范围内相关行为提出总体要求。不便分章表述的内容也放在本部分。

主要板块部分，通常是对准则约束范围内各主要事项的操作要求或者披露要求，可以针对重要程序或重要业务风险点单独设章。主要板块部分是评估准则的关键内容，也是评估准则项目区别于其他准则项目的特色部分。本部分内容较为灵活，因准则性质不同很大差异。

附则部分，通常是评估准则的生效日期。2017年后，本部分增加了准则新旧更替的规定。

评估准则的这些部分相互配合，共同组成了有机整体，保证评估准则项目发挥作用。

与国际上其他评估准则体系的做法一样，我国资产评估准则中没有包括违规处置部分。这是考虑到资产评估准则与其他主要评估准则体系一样，主要身份是行业自律制度体系的组成部分。违反评估准则应予的处罚措施，在自律制度体系中的其他制度中做出规定。

评估准则中各项要求的强硬程度，通过不同用词进行区分。强制性的要求，使用"应当"；其他要求，使用"可以"等词。国际评估准则中也有类似规定，但国际评估准则中又将强制性要求进一步区分为"should"和"must"。其中，"should"允许稍作变通。

评估准则的语言表述也具有明显的特点，有一些习惯性用法，增强了评估准则的语言规范性。但2017年后，评估准则的语言表述增强了灵活性。

评估准则中的一些习惯用法包括：

1.《资产评估法》发布前，除"资产评估师"、"资产评估准则"、"资产评估各方当事人"和"资产评估行业协会"外，其他术语中不再使用"资产"作定语。例如，"（资产）评估机构"、"（资产）评估资料"、"（资产）评估报告"、"（资产）评估程序"、"（资产）评估对象"、"（资产）评估基准日"、"（资产）评估计划"、"（资产）评估假设"、"（资产）评估结论"、"（资产）评估方法"、

59

"（资产）评估目的"、"（资产）评估业务"等术语中的"资产"省略。但是，"资产评估师执行资产评估业务"中，"评估业务"前仍加"资产"字样。

《资产评估法》发布后，为区别其他评估专业，涉及"资产评估"的词汇，不再省略"资产"二字。

2. "市场法"、"收益法"和"成本法"称为"资产评估基本方法"。企业价值评估中，成本法亦称资产基础法。

3. "资产占有方"概念不再出现，以"被评估单位"等替换。

4. 准则行文用语如表1所示。

表1　　　　　　　　　　　准则行文用语

其他情况下非错误用语	准则中习惯用语
应	应当
需	需要
可	可以
已	已经
必须	应当
如	如果
客户	委托人
委估资产、委估企业、被评估资产	评估对象、评估范围、企业、资产
评估项目	评估业务
评估结果	评估结论
或	或者
一般	通常
及	以及

评估准则建设中的几个假设

资产评估本身是模拟一种状态，然后在这种状态下判断资产的价值。评估准则建设工作也是在一定的前提下进行的，需要做出一些基本的假设。

一是假设法律环境合理。评估准则制定过程中应当假设法律环境中没有不适当的规定。法律对相关当事方各自责任的规定是明确的，对侵权的认定和对评估执业者权利的保护是完善的。在这样的假设下，评估准则只是规定专业行为，而对专业行为与其他主体关系的处理不必关注。评估准则中不应该有执业责任的规定，这是相关法律的约束范畴。评估准则中不应该有过多的行业权利保护条款，这是法律环境已经解决了的。

二是假设执业环境合理。评估准则制定讨论过程中，包括在评估准则调研和征求意见过程中，有许多对现有执业环境的抱怨，认为有些条款不适应现在的环境，可能因委托方不配合、监管方不理解、社会公众的误解而难以执行，因此建议修改或暂缓提出。这都是以现有不当做法制约评估准则正常制定工作。例如，在业务约定书准则中要求及时签约，但实务中由于委托方的强势或其他因素，签约时间不确定，评估准则要求难以执行。这些想法是现实的、无奈的，反映了我国目前评估行业的执业现状，反映了行业地位的弱势。但评估准则中在适当考虑这些因素的同时，还是应当有规范的做法。

三是假设评估准则体系完备。一个评估准则项目的制定，要假设有其他评估准则项目做配合。正在制定的评估准则项目涉及其他评估准则内容时，即使其他评估准则没有出台，正在制定的评估准则中也不能规定本应由其他评估准则约束的内容。这是保证评估准则体系有机协调的基础。

四是假设当事方是理性的。假设相关当事方对评估师的工作理解、配合，评估师和委托方都能正确对待评估业务，评估师对风险有适当的控制措施，委托方对评估师的合理要求有正确的回应。这种假设在提供评估资料方面影响评估准则的规定。评估准则中不应该有过多的内容对其他人应该负责的事项进行过度的核查验证。

五是假设监管方是理性的。评估准则是业务监管的重要标准。监管方对评估准则的使用也需要有适当的判断，根据评估准则的内容合理进行使用。在评估准则内容的设计中，不能因为监管方有特别的关注而刻意在评估准则中作出模糊处理。

我国当前评估准则制定工作的现实环境并不理想，法律环境、执业环境、准则体系和当事方等各方面存在的矛盾在评估准则制定过程中集中反映出来，影响评估准则制定这一多方平衡过程。没有相关假设，过多考虑现状或可能出现的问题，评估准则就会自我封闭，自缚手脚。过多的让步会削弱评估准则的效力，助长现有不规范做法的延续。

中国资产评估准则体系评价

经过 10 多年发展，覆盖主要执业领域和执业流程，符合我国国情、与国际趋同、兼容性强的较为完整的评估准则体系已经建立，在评估执业、业务监管和评估报告使用等方面发挥了重要作用。

一、较好地处理了几个重要关系

中国资产评估准则制定过程中较好处理了几个重要关系，保证了评估准则获得较为广泛的认可。

（一）规范与保护的关系

评估准则一是告诉评估师哪些是必须做的，从总体上规范评估业务；二是告诉相关当事方哪些不应该是评估师要做的，如关注法律权属中评估师不得对法律权属作出保证；三是规范的同时体现了对评估师的合法权益的保护，如业务约定书相关条款中的相关规定，要求评估机构在业务约定书中约定一些核心要素，通过准则提醒评估师合理维护权益。

（二）原则与操作的关系

行业通用的评估准则，需要考虑不同层面的需求，其必须体现原则性。中国资产评估准则整体上以原则性为基本导向。考虑到不同层面执业界的需求，以及不同类型评估业务的需要，评估准则中较大程度上体现了对具体评估流程的指导，以增强准则操作性。原则性和操作性一直是准则类规范左右为难、无法决断的因素。原则性类似插旗，操作性类似划线。插旗的方式下，准则告诉执业人员应当走到哪些地方，至于怎么去这些地方，则由执业人员自己判断。划线的方式下，准则告诉执业人员如何走到每一个点，不能偏离。无论是评估准则还是其他专业的准则，无论是国际准则还是国别准则，都坚持着插旗的方式，但又都不同程度地存在着划线的内容。这都是准则所处执业环境决定的。中国评估准则适应资产评估行业执业需求，在原则性和操作性的选择上做到了兼顾。

（三）现实与超前的关系

中国引入准则较晚，执业环境对评估准则的认可经历较长的阶段，评估实践和理论的发展也相对滞后，这些因素导致评估准则的基础较为薄弱。但准则中也根据需要适当引入了相对超前的规定，如价值类型、实物期权等内容，发挥了引导评估实践和理论发展的作用。

（四）中国与国际的关系

资产评估准则服务于中国评估实践，但较好地处理了与国际主要评估准则体系的关系。资产评估准则制定过程中，注重借鉴国际经验，保持国际专业力量的参与，实现了在主要评估理念、主要技术体系和基本准则架构方面的国际趋同。

（五）理论与实践的关系

评估准则的相关规定具有完备的理论基础，但准则中对理论的体现需要考虑现有实践的需求。例如，评估重要性原则的引入则需要特别谨慎，不同评估目的中，对重要性的要求有很大差异。

（六）重要性与完整性的关系

评估实践对评估准则的需求具有不均衡性。某些新兴业务、热点业务、难点业务，需要评估准则及时跟进，提供指导。但评估准则的制定，也需要考虑体系的完整性。中国资产评估准则的项目不是相互独立的，而是相互分工协作，以一个整体发挥作用。因此，一些基础性准则项目也需要适时出台。

二、满足了几个需求

（一）执业需求

随着评估准则建设的逐步推进，其他形式的执业规范逐步退出，评估准则逐步成为主要的执业标准。评估准则体系涵盖了主要资产类型、常见经济行为、关键评估程序等方面，满足了当前评估实践的需求。评估机构对于评估准则也经历了从不了解到逐步认识，再到主动运用的过程。

（二）监管需求

随着评估准则影响力的不断提升，评估准则中轻结果重程序的理念，逐步将相关各方评判评估业务的关注点从评估结果扭转到评估程序上来。监管方在监管中对评估程序履行的完整性和深度的关注度提高。评估准则中的程序性规定为监管方监管主观层面的专业判断行为提供了监管抓手。

（三）认知需求

虽然评估准则不承担教育和培训职能，但客观上，评估准则中对

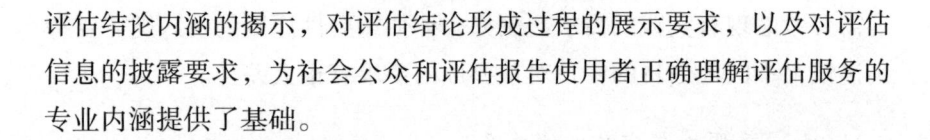

评估结论内涵的揭示，对评估结论形成过程的展示要求，以及对评估信息的披露要求，为社会公众和评估报告使用者正确理解评估服务的专业内涵提供了基础。

（四）行业国际化需求

中国的评估准则制定工作，在充分考虑中国执业环境和行业现状的同时，积极借鉴了国际评估准则的成果。首先，国际评估准则的核心概念对中国评估界执业理念的影响。比如市场价值概念、评估方法概念、工作范围概念等。其次，国际评估准则从早期以不动产评估为主的评估准则体系，转变为今天的综合性评估准则体系。这一发展趋势很好地支持了中国评估准则的综合性定位。最后，国际评估准则对新兴业务的关注，以及国际评估准则委员会与相关专业组织的沟通与合作，则为中国评估准则和评估协会树立了典范。中国评估准则制定过程中对国际评估准则的研究和借鉴，使得中国评估准则在理论基础、基本概念、框架设计、核心要求等许多方面与国际评估准则基本实现了趋同，也为中国资产评估行业国际化发展提供了基础。

三、主要问题

资产评估准则建设虽然成果丰硕，但也存在一些不足。

（一）资产评估理论的研究有待进一步加强

我国评估行业虽然已发展30年，评估理论和实践积累了较为丰富的成果，特别是在成本法应用和为企业并购重组服务方面走在了国际评估界的前列，我们甚至把成本法的应用做到了极致。但是由于评估行业起步较晚，评估经济行为、评估方法应用中的新情况、新问题不断出现，评估实践迫切需要进一步的理论支持，为准则建设提供坚实的理论基础。

(二) 需要进一步加强政策协调

增强敏感性,深入研究党和国家关于经济体制改革重大方针政策,结合实际情况加强执业标准建设工作的战略性、全局性、长远性、系统性研究,以标准建设为切入点拓展评估领域,深入推进评估服务于财政及市场经济体制改革。

(三) 对咨询业务关注不足

随着市场经济的不断发展、经济行为愈发复杂多变,作为市场上重要的专业服务力量,评估机构在做传统的评估业务同时,其他咨询业务也不断触及,但在执业标准中缺少相应的定义与规范,影响了咨询业务的拓展与巩固。

(四) 职业道德准则需进一步丰富完善

资产评估执业的专业性很强,在遵守各种规范的同时又有一定专业判断,因此资产评估师的执业质量固然依赖于执业水平,但同时也是与职业道德密不可分的。当前,资产评估的市场性越来越明显,职业道德需求进一步提升,而资产评估职业道德准则稍显单薄又过于原则、笼统。

(五) 评估行业的服务市场在不断拓展,需要实体性准则及时跟进

评估准则制定和动态更新,需要及时了解行业和市场对评估行业的需求、对评估准则的看法,需要做大量的调查研究。这方面的工作存在不足。评估行业是市场经济发展的内在要求和产物。当前,我国正处在实施各项重大经济和社会发展战略的历史机遇期,评估行业服务市场的作用和领域在不断扩大,评估行业要在预算改革,财政资金绩效管理,行政事业单位资产管理,国有金融机构改革,国有文化单位改革,文化产业结构调整和兼并重组,以及生态环境建设、低碳经济发展等新领域,发挥评估的价值管理作用和提供专业价值服

务。目前的实体性准则项目还不能完全满足这些需要，需要及时跟进研究，适时制定新的实体性准则，为评估行业服务市场的不断拓展提供技术支持。同时，实体性准则的操作性有待增强。从实体性评估准则的实施情况看，评估师对实体性准则中的一些原则性较强的规定的执行情况不容乐观，实体性准则的作用没有得到充分发挥。如何有效地协调好评估准则的原则性和可操作性问题，真正发挥实体性准则的操作指导作用，是实体性准则制定过程中需要进一步完善的重要问题。

（六）准则体系框架不能适应各方的需求

1. 本身需要优化。有些准则项目难以放入相应层次。例如，评估指南层面的准则项目，原设计是为特定经济行为中的评估业务提供指导，类似于国际评估准则中的应用指南，是完整业务的指导。但目前本层次中的一些项目，如两个评估报告指南、质量控制指南，与其他项目的性质不同。再如，指导意见层次中的项目较为混乱，实际是兜底设计。

2. 不同的执业层面。各监管方对评估准则重视，希望通过评估准则实现监管，这是专业服务监管的适当选择。但为了有效实现监管，提高准则针对性，监管方不可避免地希望评估准则体系中针对具体业务类型或资产类型设置准则项目。如国有资产项目管理中，对评估报告具有较为具体和细致的要求。一些资产管理部门，如无形资产、森林、文化企业等部门，则对特定资产的评估准则具有强烈需求。为有效服务监管，发挥评估准则的作用，当前评估准则体系中设计了相应的准则项目，散落在不同层面。但这些评估准则项目其实对准则体系的整体性造成了影响。同时也从另一个方面说明，准则体系不能适应当前评估实践和监管的需要。

（七）准则制定机制需要优化

1. 进一步区分不同机构的职能。财政部资产评估准则委员会与中评协评估准则技术委员会职能相似,层次感不强,因此,需要强化中评协评估准则技术委员会的研究制定功能。此外,借鉴会计准则制定经验,可以提升评估准则咨询委员会的层次,发挥其专业支持功能。

2. 扩大各方深度参与。当前的准则制定机制保证了监管、执业、使用等利益相关方的协调。新形势下,需要进一步扩大市场其他方面的参与,如技术支持、市场研究、资产管理、国际专业力量等非利益相关方的参与,增强准则的市场和国际贴合度。

第三部分

程序类资产评估准则

基本准则的演进和主要贡献

2017年8月23日，财政部发布新修订的《资产评估基本准则》。新的基本准则合并了原有的两项基本准则，并对准则内容进行了提升和调整。《资产评估基本准则》的发布为资产评估行业执业标准确立了新的基准。

一、评估准则体系的两个准星

2004年2月25日，财政部以规范性文件形式发布中国资产评估协会制定的《资产评估准则——基本准则》和《资产评估职业道德准则——基本准则》。这两项基本准则为资产评估准则体系建立了准星。两项资产评估基本准则的发布，是行业发展成熟的必然要求和具体体现。

（一）资产评估行业发展的客观需要

我国的资产评估行业于20世纪80年代末期起步。为规范和指导评估业务开展，财政部、原国资局、中评协等制定发布了大量执业规范。这些规范未采用评估准则形式。这与当时行业发展环境和我国的市场环境、经济管理方式是相适应的。以准则形式指导和规范专业服务行为，是国际上专业服务领域通行的做法。随着社会主义市场经济体制的逐渐建立，借鉴国外评估行业和国内其他专业服务行业的经验，制定行业准则逐渐成为行政管理部门和行业协会研究和考虑的指导行业实践和保证行业规范化发展的重要手段。因此，在积累了一定实践经验和理论知识的基础上，为促进我国资产评估行业的进一步发展，加强我国资产评估行业与国际评估社会的交流和融合，中国资产评估协会在财政部领导下开展了评估准则的研制。两项基本准则是重要的基础内容。

（二）落实《关于规范评估行业发展的意见》要求的重要举措

资产评估行业产生和发展初期，长时间以服务国有资产管理为主，这为资产评估行业打上了国有资产评估的烙印，导致在1998年启动的新一轮政府部门重组以来，资产评估行业归属未定。国家国有资产管理局撤销后，资产评估行业划归财政部管理，国务院国资委成立后，产生了是否把资产评估行业划归国资委的讨论。2003年，国务院转发财政部《关于规范评估行业发展的意见》（简称《意见》），明确了资产评估行业的管理格局，并要求行政管理部门和行业协会加强执业准则和职业道德准则建设。两项基本准则的制定，是财政部、中国资产评估协会贯彻落实《意见》精神的重要举措。

（三）构建资产评估准则体系的框架基础

资产评估准则的规范对象较为复杂。有不同类型资产的评估，有不同目的的评估，有不同评估程序的履行。评估准则体系的设计需要考虑这些因素，需要制定不同类型的评估准则。而保证这些准则能够形成一个合力，能遵循一个整体的专业理念，能实现相互补充协调，就必须有一个基础，两项基本准则就发挥了准则体系的基础作用，把不同类型的准则项目关联在一起，形成合力。

二、基本准则的主要贡献

基本准则是对资产评估原有业务操作制度、规定和办法的整合、完善和提高,并根据资产评估行业实践的发展增加了新的内容,是继往开来、承接转换的一个基础性业务制度文件。

两项基本准则对注册资产评估师执业过程中的职业道德要求、遵纪守法要求、胜任能力要求、执业资格要求、评估操作要求、披露要求和执业责任等方面做出了规定。从此后的实践情况来看,两项基本准则不仅是整个资产评估准则体系的基础,也为评估理论的研究提供了基础的指引,对资产评估行业的规范发展和专业提升发挥了重要作用。

(一)提出了基本的职业道德要求

《资产评估准则——基本准则》中在基本要求部分涉及了基本的职业道德要求。《资产评估职业道德准则——基本准则》中,系统地对资产评估师执行资产评估业务中需要遵守的职业道德进行了归纳、设定。两项准则确立了职业道德规范的基础。这些基本的要求包括外在的守法要求、内在的独立客观公正要求、行为层面的管理要求等。

(二)确立了资产评估相关专业概念

1.资产评估的定义。基本准则对资产评估进行了定义,这个定义首次揭示了资产评估的专业特性,具有拨云见日、一锤定音的效果。

根据《资产评估准则——基本准则》,"资产评估是指注册资产评估师根据法律法规和资产评估准则,对评估对象在评估基准日特定目的下的价值发表意见的行为和过程。"这一定义明确了资产评估的执业主体是"师",明确了执业依据,明确了资产评估中非常重要的时点原则,明确提出资产评估是一种行为和过程。这个定义在当时资产评估理论研究不很深入的情况下，为理论和实务界提供了一个标准的概念。

2. 明确了基本评估方法。在较长的一段时间内，我国资产评估方法有四种，即现行市价法、收益现值法、重置成本法和清算价格法。而根据国际通行观点，成本法、市场法和收益法是三种基本评估方法，分别从过去、现在和将来三个不同角度对资产价值做出判断。我国曾经使用的四种评估方法与国际通行观点相比，多了一种清算价格法。这种方法是改革开放和国有企业改革初期，较多的企业破产清算过程中经常使用的方法。但清算价格的形成也遵循了三种基本方法的思路。清算只是一种价值前提，而不是一种评估方法。基于这种理解，基本准则与国际接轨，提出了成本法、市场法、收益法三种基本评估方法。

3. 规定了八大基本程序。这是首次将评估过程的主要环节予以明确。此前的评估程序，更多的是评估管理程序，如立项、资产清查、验证确认等。基本准则对资产评估执业过程进行了分析归纳，从风险控制角度明确了八大评估程序。八大评估程序把评估执业人员、业务监管人员、评估报告使用人员的关注点吸引过来，对于只重结果、不重过程的错误做法是一种纠正。

4. 重视披露要求。基本准则的规范思路，是将资产评估分为操作和披露两个层面。此后的一些评估准则中也有按这个思路设计准则结构的。分为这两个层面，实质上突出了披露要求。

披露是指在传递评估结论时，对形成评估结论的过程所作的说明、解释。国际评估准则等影响较大的评估准则对披露都有严格要求。

披露可以有两方面的作用：

一是让别人正确理解评估结论。"行家一伸手便知有没有"，这是可以理解的。有经验的评估专业人员对资产价值的判断，是可以做到一眼看穿的。但是，专业判断的过程应当是可以让别人看明白的，对专业判断结果的表达也应当是可以让别人理解判断过程的，这就对专业判断的披露提出较高要求。评估过程中的假设、限制条件、评估师的处理方式等对报告使用者理解评估结论具有重大影响,需要充分披露。

二是保护评估师自己。执业过程中,评估师采取必要措施防范执业风险的努力可能不一定很好地达到预期效果,但对这些措施的披露可以向报告使用者展示评估师的负责精神,使报告使用者、监管方等合理理解评估师已经勤勉尽责。

美国 USPAP 是较好体现评估专业本质的评估准则之一,其中对评估报告类型的设计充分体现了对披露的重视。USPAP 将评估报告分为完整评估报告、简明评估报告和限制用途评估报告。其中的限制用途评估报告信息量较小,仅供委托方使用。这一思路的实质是:要么披露,要么限定使用范围。

关于披露程度,总体上应当使理性的报告使用者合理理解评估结论。具体标准可以是类似评估业务中的披露标准,或其他评估师在相同或类似评估业务中的披露标准。

财政部发布的《资产评估报告基本内容与格式暂行规定》中对评估报告的信息量提出了较高要求,其中的评估说明和明细表包含了大量业务信息,对报告使用者理解评估结论非常有益。单从这一要求来看,我国监管部门对披露的重视程度相当高。

5. 评估报告使用者。并不是所有可以拿到评估报告的人或单位都是评估报告使用者。由于对是否可以作为评估报告使用者没有明确的规定,各方对评估报告使用者的理解也不同,所以监管方、研究人员、决策依赖人员各自与评估报告的关系一直较为模糊。为避免由此造成的责任问题,基本准则中要求评估报告中明确评估报告使用者,从一开始就限定了评估报告的使用范围。

(三)对资产评估业务的相关执业责任做出规定

执业责任的不清晰,是评估准则制定之初行业面临的重要问题,特别是在评估资料提供方面。评估准则制定过程中理所当然会着力解决这一问题。由于当时没有专门的资产评估法律，基本准则承担了准法律的责任，对评估执业人员、委托方和相关当事方的责任和义务作出了规定。当准则中写出这些规定时，财政部不是以资产评估业务管理部门的身份出现，而是以公共管理部门的身份出现。

（四）规划了资产评估准则体系的主要层次

基本准则为资产评估准则体系做了基本规定。《基本准则》提出可以根据基本准则制定具体准则、评估指南和指导意见。《职业道德基本准则》实际上对评估职业道德准则体系的主要层次进行了规划。

（五）提出维护社会公共利益的基本理念

两项基本准则提出"维护社会公共利益"，这是基本准则的一个重要内容。资产评估作为独立的社会中介服务，应当把维护社会公共利益作为行为准绳。强调维护社会公共利益，并不排斥评估师维护资产评估各方当事人合法权益。评估师应当竭诚为客户服务，但在服务过程中应当坚持独立、客观、公正的原则，不能片面维护某一方面的利益，否则必然会损害公共利益或其他相关当事人的权益。《资产评估职业道德准则——基本准则》中也提出了相应要求，如要求注册资产评估师"独立进行分析、估算并形成专业意见，不受委托方或相关当事方的影响，不得以预先设定的价值作为评估结论"。只要注册资产评估师严格执行准则中的规定，按照独立、客观、公正的原则执业，就可以将维护社会公共利益和维护资产评估各方当事人合法权益统一起来。

关于评估准则以维护公共利益为目标，具有国际共识。国际评估准则理事会2013年开展复核工作，复核工作组在其报告中一再强调IVS对公共利益的维护。但自这一内容引入评估基本准则以来，针对是否有必要强调这一原则的争论一直没有停止过。对此，基本准则坚持对公共利益的维护。

（1）资产评估不是与人争利的机制。维护社会公共利益是一个行业和一个专业资质对社会认可的一种回报,也是行业或资质可持续的基础。一个以自身利益为目标的行业或资质,是一种与人争利的机制,是不会持续存在的。

(2) 竭诚为委托人服务不能损害公共利益。资产评估执业人员在非国有资产评估业务中,以及一些评估咨询业务中,可以较多地考虑委托方的要求,但这并不允许在业务过程中损害公共利益。

(3) 评估准则的目标与资产评估服务的目标也不能混淆。准则中的表述,强调的是评估准则的制定目的,是建立行为标准所要达到的目标。至于这个标准所服务业务的目标,则与此不同。盗亦有道即是这个道理。

(六) 明确了评估准则的规范主体

规范主体是"师",也是机构。

国内外许多专业准则中,包括评估准则和审计准则,表述上多数是以"师"为规范主体。对于我国评估准则的规范主体是"师",还是也包括"所",在业内看法不统一。部分准则项目,如评估报告准则、业务约定书准则中部分内容也使这方面的讨论变得激烈。

在准则规范主体方面的分歧,很大程度上是我国中介行业历史管理体制的遗患。

长期以来,中介行业由政府部门直接管理,甚至中介机构都是作为政府的事业单位进行管理。行业协会成立之初,也基本是承接了以前的管理模式。这种模式在我国多数中介行业都很普遍。例如,中国资产评估协会成立前,评估行业的管理工作由评估中心承担,评估中心是国资局的一个职能部门。与注册会计师合并前的中国注册审计师队伍,也是由审计署直接管理。中国注册会计师协会也长期是财政部的一个职能部门。它们最初对行业的执业规范要求都是政府规范性文件。例如,评估行业的《资产评估操作规范意见》,注册会计师行业的《注册会计师查账验证报告规则(试行)》《注册会计师验资规则(试行)》等。这的确给我们留下一个印象,即行业管理是政府做的,相关文件是政府文件，而政府文件可以管"师"，也可管"所"。这个印象的影响是"深远"的，以至于当我国的各中介行业开始遵循国际惯例制定行业执业准则时，在准则的规范主体上有了惯性的认识。

在中介行业发展较完善、准则起步较早的其他国家，他们对行业的有效管理演变到现在定位在重"师"轻"所"上，准则的规范主体是执业的"师"，而不是"师"所在的"所"。这种做法的原因包括：（1）中介行业的特点是专业服务，专业服务的灵魂是"师"的专业判断，对专业判断进行规范是规范行业执业的最核心手段，是保障执业质量和防范执业风险的有效方式，也是对专业特点的尊重，因此准则应当对"师"提出要求。（2）许多国家在中介行业发展过程中对"所"不像我国对"所"这样重视。以美国的会计师行业为例，政府仅行使监督职能，主要管理工作由会计职业团体负责，实行行业自律管理。行业外部对于事务所的制约只靠证券交易委员会的纪律制裁和法院审判。而行业自律时对"所"管理较为虚化，主要对"师"进行管理。此外，以美国评估行业为例，"所"中有不同的评估师，但"师"却有多种类型，分属不同专业组织。这种情况下，专业组织制定的执业准则只能将规范主体定位于"师"。虽然不同专业组织共同认可统一的准则，但准则规范主体仍然是"师"。

我国的评估行业管理体制虽然与其他国家有所不同，但评估准则的属性与其他国家相似，准则的作用和定位也应当保持一致。将"师"作为规范主体是适当的。对"所"的规范，可由行业协会另行制定。这种做法有利于保持评估准则的专业属性，促进我国评估准则与国际准则接轨。

（七）确立了评估准则的法律地位

基本准则以财政部规范性文件形式发布，表明了资产评估准则在我国法规体系中的地位。根据《立法法》，我国法规体系包括法律、行政法规、部门规章、规范性文件。资产评估准则属于法规中的规范性文件。

三、基本准则的修订和发展

(一) 两项基本准则的效果

两项基本准则发布实施 10 多年来,为评估理论发展、评估准则建设和资产评估行业的健康发展发挥了极其重要的作用。

1. 重要里程碑。标志着中国资产评估准则建设进入规范化、体系化建设轨道。基本准则不是最早发布的评估准则,但此前的无形资产、法律权属准则和珠宝首饰评估准则都是应急性准则,是单打独斗的准则。基本准则发布后,评估准则体系框架已具雏形,此后的准则建设中,各项目的定位、边界更加清晰,准则内容更加具有针对性。各准则相互配合,共同发挥作用。基本准则的发布,是我国资产评估准则制定工作和资产评估行业发展的重要里程碑,必将对资产评估行业的规范化发展起到积极的促进作用。

2. 社会反响好。两个基本准则的发布在评估行业引起了积极反响。评估机构普遍反映基本准则的发布结束了评估行业执业无规范的局面,解决了评估行业多年来未能解决的问题,对推动我国评估行业在新形势下的发展具有重大意义。国际评估界对我国颁布两个评估基本准则给予高度评价。国际评估准则委员会(IVSC)主席埃居先生代表国际评估准则委员会就我国两个基本准则的发布专门发来贺词,指出"各国评估准则与国际评估准则的协调很重要,中国为促进这种协调所做的努力令人鼓舞。中国资产评估协会对国际评估准则做出了极大的贡献,我们对此表示感谢,并希望能继续保持我们之间的良好工作关系。""国际评估准则委员会仍将继续支持中国的评估准则制定工作,并将与中国资产评估协会紧密合作。"埃居主席还在 IVSC 主席工作报告中指出:"我欣闻中国财政部借鉴国际评估准则发布了两个基本准则,目的在于建立评估师规范执业的基础,维护社会公共利益，保护资产评估相关利益方的合法权益。两个准则的发布，规范了评估师执业技术和执业行为，标志着中国资产评估准则体系的初步建立。两个基本准则借鉴和保留了中国原有的理论与行业实践的内容，同时参考了国际评估准则和其他国家成功制定资产评估标准的有益经验。为适应中国市场经济稳定发展，在 2~5 年内与国际评估实践相接轨，中国财政部还将逐步完善包括相关基本准则、具体准则、评估指南和指导意见在内的一套完整的资产评估准则体系。"社会各界对两个基本准则的发布给予充分肯定。著名法学家江平教授在《法制日报》发表题为《评估资产评估》的文章，从法律角度谈资产评估与市场经济的关系及资产评估准则的重要性，指出，"基于过去十多年来经济体制改革的需要，法律和社会对注册资产评估师和资产评估行业的定位并不恰当，相关政府部门及广大社会公众对资产评估也存在一定的误解，从某种意义上说加大了整个资产评估行业的执业风险，甚至造成整个行业的信用危机和社会公信力危机。"两个基本准则的发布，标志着"资产评估行业主管部门和行业协会已经开始正视这一问题，并通过专业准则的制定引导社会公众正确认识资产评估作用。""从某种意义上说，这些准则并不仅仅是为评估师进行执业所制定的，更是为评估报告使用者和社会公众制定的。"著名经济学家张卓元教授也在《中国证券报》发表文章，从经济角度谈资产评估与市场关系及资产评估准则的作用，指出"在很多情况下，资产评估虽然只是市场交易活动的中介，但是其对经济的影响非常广泛，而且经常存在时滞，对后续经济活动产生影响。因此，资产评估在承担专业责任的同时，也承担很强的社会责任，不仅要为委托方服务，同时要为公众服务，维护公众利益。""这两个基本准则……完善了资产评估执业人员在执业过程中遵循的技术标准和行为标准，对于指导和规范资产评估执业行为具有重要作用。落实这两个基本准则，还有利于监管部门和社会公众加强对资产评估执业行为和执业质量的监督，减少以至杜绝暗箱操作，提高执业和管理的透明度，为真正做到依法执业和依法监管创造了条件。"

3. 提出的资产价值估算相关业务，但没有对相关业务的具体类型作出规定。某些业务与资产评估业务密切相关，如价值咨询类业务，这些业务不能完全参照资产评估准则的相关要求。

（二）市场环境和法律环境的新要求

2017年，财政部发布新的《资产评估基本准则》替换了两项基本准则，这是资产评估准则建设中的又一次飞跃。2017年《资产评估基本准则》的发布有多项原因：

1. 评估市场新要求需要体现。随着全面深化改革的持续推进，资产评估服务的市场属性进一步显现。基本准则中需要考虑这些新要求，在评估方法运用、评估报告披露等方面予以反映。

2. 资产评估法的要求需要体现。《资产评估法》丰富了评估程序内容，进一步明确了评估业务法律责任，基本准则作为法律与执业准则的中介，应当在准则的内容、专业理念等方面作出相应调整。同时，《资产评估法》只规定了一项基本准则，因此，需要将原有的两项基本准则合并形成单一的准则。

3. 国际评估准则的发展需要体现。国际范围内评估准则建设近年具有很多成果，包括价值类型、评估方法等重要技术内容，都有很多新进展，基本准则中需要予以反映。

（三）新的基本准则重要成就

新的基本准则保留了原基本准则的主要内容，同时也根据新的法律环境、管理环境和执业环境做出了更高的规定。

1. 强化了评估程序要求。根据评估法要求，基本准则强化了核查验证、评估方法运用、评估档案管理等业务环节的执业要求。

2. 致力于打造行业品牌性产品。基本准则放宽了资产评估行业产品的范围，在评估报告之外，允许出具其他形式的专业报告。但基本准则同时对资产评估报告做出了细致规定，目标在于严格约束评估报告的出具和使用。基本准则要求，资产评估报告必须声明遵守了资产评估准则，法定评估业务必须出具资产评估报告。基本准则还致力于正确使用资产评估报告，对"资产评估报告使用人"的范围做出了界定，同时通过资产评估报告中"特别事项说明"、"使用限制"等内容提醒资产评估报告使用人正确理解评估结论，引导其正确使用资产评估报告，减少误读误用现象。

3. 突出操作性。此前两项基本准则是在整个评估准则体系中设计相应内容，条款内容多体现原则性，对操作性关注不足。新的基本准则根据评估法要求，需要满足行政部门对评估业务管理的需求。因此，新的基本准则在操作性方面有很大提升。在没有其他执业准则的情况下，基本准则可以满足执业需求和监管需求。

德位相配远离殃灾

对比国际上几个主要的评估准则体系，可以看出，中国的资产评估准则体系中，职业道德准则的地位最高。我们有单独的职业道德准则项目，而且职业道德准则在准则体系中的层次很高。

一、职业道德准则制定背景

2002年，中国共产党第十六次全国代表大会召开，提出"要整顿和规范市场经济秩序，健全现代市场经济的社会信用体系"。全社会随之掀起诚信建设之风。

资产评估在社会主义市场经济和维护正常的经济秩序中都发挥着重要的保障作用，其职业活动是否诚实守信，直接关系到整个社会诚信体系的基础。资产评估行业诚信建设包括很多方面，注册资产评估师职业道德建设是其中重要的一个方面。

资产评估职业道德是对评估师在从事资产评估职业活动中应当遵守的职业态度、职业职责、专业胜任能力、职业纪律等职业行为的规范。评估师职业道德的建设与完善，有利于进一步发展和完善资产评估行业，提高评估师专业队伍素质，有利于加强评估师的职业责任感，防范其在执业过程中违法乱纪，促进社会诚信体系的建立。

资产评估行业诚信建设的重要内容之一就是制定职业道德准则，而且要在资产评估准则体系中突出职业道德建设的重要性。为了提高注册资产评估师的职业道德水平，2004年，财政部制定了《资产评估职业道德准则——基本准则》，对注册资产评估师在执业过程中的专业胜任能力、独立性、保密和道德冲突的解决等事项做出了规定，这些规定将有利于规范评估师职业道德行为，提高评估师职业道德素质，提升评估行业的社会公信力，对资产评估行业的诚信建设将起到积极的推动作用。职业道德基本准则在1999年发布的《中国注册资产评估师职业道德规范》的基础上，参照国际评估准则、美国评估准则中有关职业道德的规定，对评估师基本职业道德作了规定，并为今后进一步制定具有较强针对性、操作性的职业道德具体准则打下了基础。

二、德位相配定要求

职业道德准则是我国资产评估准则体系的重要组成部分。职业道德在专业服务领域很重要，它规范的内容影响着专业服务的方向性。专业服务中，一个业务项目能否成功，方向很重要。方向不正确，专业能力再高也不会满足市场需求。从资产评估准则体系建设启动开始，中国资产评估协会就一直重视职业道德准则的规划。根据资产评估准则体系，职业道德准则分为基本准则和具体准则两个层次。具体准则层面，规划了独立性、胜任能力、业务承接等准则项目。到2016年，中国资产评估准则体系中的职业道德准则有两项，即《资产评估职业道德准则——基本准则》和《资产评估职业道德准则——独立性》。

《资产评估职业道德准则——基本准则》在资产评估准则体系中，与业务基本准则并列，属同一层次。这一做法是我国资产评估行业社会地位的必然要求。国际上，资产评估的行业特色不明显。许多市场经济体系中，没有独立的评估师职业资格，资产评估服务由会计师或其他专业研究机构承担。而我国资产评估行业是一个独立的行业，具有明确的身份。资产评估行业发展初期以及以后很长时间内，资产评估执业人员的资格是一种职业准入。国有资产管理中，对资产评估的作用非常重视，资产评估成为国有资产涉及的大多数经济行为中的必经程序。公司法、证券法等法律中也规定了资产评估的作用。可以看出，国有资产管理和市场秩序管理中赋予资产评估非常重要的功能，资产评估行业必须有相应的措施予以回应。除尽心尽力提升服务质量外，良好的职业道德也是必须重视的。德不配位，必有殃灾。资产评估行业承担的社会责任，不允许行业的职业道德出现任何问题，否则对行业的社会地位的打击将是致命的。资产评估市场中屡次出现的市场被侵蚀、被替代的情况，都与职业道德问题不无关系。德不孤，必有邻。只要资产评估行业的职业道德高地不失，资产评估的市场空间会是无限广阔的。

2017年，资产评估准则体系全面修订，财政部发布新的《资产评估基本准则》。两项原有的基本准则合并，同时制定了新的《资产评估职业道德准则》。新准则框架中，职业道德要求仍然在基本准则层面，资产评估行业的职业道德要求没有降低。新的《资产评估职业道德准则》包含了原独立性准则的内容，并扩充了职业道德的其他领域的内容。

三、准则内容解构

（一）职业道德内涵

我国准则中的职业道德是广义上的职业道德。国际范围内其他评估准则中与我国职业道德准则相对应的准则内容大多叫 Code of Conduct，包括两部分：一是道德方面的要求（Ethics），包括诚实正直、利益冲突、保密、公正等；二是胜任能力方面的要求（Competence）。而我国的职业道德准则中是写在一起的，因为我们认为胜任能力要求与职业道德分不开，执行不胜任的业务是不道德的。此外，我国的职业道德准则中把"不当行为"都作为道德约束的范围。例如，《资产评估职业道德准则——基本准则》有些道德条款与执业要求重复，这些条款内容本身也是技术层面的要求。技术层面的要求，同时用职业道德条款进行约束，这其实是很严厉的。

（二）道德层面尝试强制性

国际上许多准则不是法律上强制执行的，多是行规。职业道德方面的要求也是如此。但我国的评估准则是政府发布的，属于规范性文件。规范性文件是需要强制执行的。这是我国资产评估职业道德要求的特色。我国资产评估行业在职业道德层面尝试强制性，所以，职业道德准则的内容侧重于对行为的约束和指导。

（三）对独立性的关注

国际评估准则中对独立性关注不多，主要是因为国际评估准则中所指的评估师不仅仅指外部的独立评估师，还包括内部评估师，而对于内部评估师，独立性不是主要特点。所以在国际评估准则中的道德准则要求中，一般不把独立性放在突出地位。而我国目前没有内部评估师，我国的资产评估准则只规范外部评估师，而对于外部评估，独立性是至关重要的。这也是为什么资产评估准则体系中规划了独立性职业道德准则项目，且首先制定了独立性职业道德准则。

（四）反映行业环境

职业道德基本准则制定之时，市场经济体制建设和资产评估行业发展状况仍然不理想，准则中的规定体现了这些状况。例如，不得以个人名义执业，体现了评估行业管理秩序的要求，考虑了委托方和其他当事方对个人执业的认可程度；不得签署本人未参与项目的评估报告，也不得允许他人以本人名义签署评估报告，体现了特殊时期评估行业所处的外部社会环境、整个社会的诚信状况；对评估师素质的要求、评估机构的要求等，考虑了我国资产评估行业和我国社会专业服务整体发展阶段，还没有达到发达的市场经济体中评估师、测量师、会计师等专业人士享有很高社会声望的程度；对专业胜任能力的要求，则是针对我国目前恶性竞争，不以质量取胜而以公关取胜的情况；对与委托方和相关当事方的关系的要求，则是针对当前社会上对评估师职能定位不当的情况；对与其他注册资产评估师的关系的规定，则旨在维护行业良好的执业秩序。

四、新的行业环境对职业道德准则的要求

《资产评估法》发布后，资产评估行业的业务可以分为法定评估业务和其他评估业务。法定评估业务由于涉及公共利益，资产评估行业执业中的职业道德要求不能放松。其他评估业务中，职业道德要求的管理需要进一步研究。

除法定评估业务外，其他评估业务更多体现市场自发需求。委托方对资产评估专业服务的内容和质量期望更高，需要评估师更加精心地维护专业服务关系。这种情况下，对评估服务提供者的职业道德要求应该更高，一方面要求评估专业人员充分发挥专业技能，竭诚为委托方提供专业服务。另一方面，又不能仅仅为了维持客户关系，刻意迎合委托方要求，放弃独立客观公正的原则。同时，在胜任能力、与相关当事方关系等方面的要求，也需要适当调整。

问心无愧与瓜田李下

专业服务行业，独立原则是基本的执业原则之一。资产评估行业对独立性也非常重视，在法律、法规和评估准则中都有相关规定。这些规定中，与独立性相关的概念采用了不同的表达方式。有"独立"、"独立性"、"独立性原则"的不同表述。例如，"独立、客观、公正原则"的表述，有"遵守独立性原则"，也有"保持独立性"的表述。但基本的内涵上是一致的，都是指一种职业状态。

一、独立性的内涵

从内涵上说，独立性是指人的意志不受他人的影响，不依赖他人。专业服务领域，将独立性分为实质性独立和形式性独立。独立的指向，是外部组织和服务对象。

实质性独立是一种精神状态、一种自信心，指在分析制定评估计划、收集评估资料、分析评估资料、评定估算形成评估结论的过程中，不受委托方、相关当事方、评估报告使用者、监管者甚至评估机构其他人员的影响，独立自主地运用专业判断。它要求资产评估师在执业过程中严格保持超然性，不能主观袒护任何一方当事人，尤其不应使自己的结论依附或屈从于持反对意见利益集团或人士的影响和压力。

形式上的独立性是指有意地保持一种外部形象，使得理性的第三方能够合理认为评估师的专业判断没有受到影响。例如不能与服务方存在利益关系等。形式上的独立是取得外部信任的保证。

实质性独立是一种问心无愧的状态，是一种咬定青山不放松任尔东南西北风的精神，有一种走自己的路任凭别人去说的豪迈。形式上的独立则是一种瓜田李下的境界。

三国时期曹魏著名文学家曹植作的《君子行》：开头四句流传久远："君子防未然，不处嫌疑间；瓜田不纳履，李下不正冠。"这是古人慎行的一种表现。经过瓜田，不要弯下身来提鞋，免得人家怀疑摘瓜；走过李树下面，不要举起手来整理帽子，免得人家怀疑摘李子。古人强调正人君子要顾及言谈举止，风度礼仪，除此之外，还要主动避嫌，远离一些有争议的人和事，不做让人误会的事情，也很重要。这个境界再适合专业服务中的独立性不过了。

实质性独立是独立性的根本，而形式性独立则是在这个根本的要求基础上，增加了一种防患未然的措施。不但问心无愧，没有摸瓜摘李的动机，还要让别人也意识到自己没有这种动机。因此，从维护社会秩序、降低社会成本角度，形式性独立是一种更加可取的方式，可以培育社会信任，防止诉讼风险，是一种更严格的独立性要求。

二、对独立性的规范方式符合独立性的特征

资产评估法、资产评估准则中都对独立性提出了要求。这些要求充分考虑了独立性的特征。

实质性独立是一种精神状态，难以用行为标准进行描述和规范。

对于独立性的判断,针对实质性独立难以操作。而形式性独立则相对容易制定规则。实现形式上的独立,为实质性独立提供了基础。实现了形式上的独立,影响实质性独立的外部因素就不复存在,可以防患未然。法律、法规和评估准则中对独立性的规范,针对不同的层面采取了不同的方式。对于实质性独立,以倡导为主。而对于形式性独立,则以限制某些情形为主。

(一)评估法中的规定

资产评估法规定,"评估机构及其评估专业人员开展业务应当遵守法律、行政法规和评估准则,遵循独立、客观、公正的原则";评估专业人员应当"诚实守信,依法独立、客观、公正从事业务","与委托人或者其他相关当事人及评估对象有利害关系的,应当回避";"拒绝委托人或相关当事人的非常干预";评估机构不得"分别接受利益冲突双方的委托,对同一评估对象进行评估"。

资产评估法的规定,既有实质性独立的要求,也有形式性独立的要求。其中形式性独立的要求是以禁止条款的形式提出的。

(二)评估准则中的规定

由于评估准则提供一种操作指引,其规定应当具有可执行性,因此,评估准则对形式性独立的要求较为具体。这是规范独立性行为的较为有效的方式。

资产评估准则体系中,基本准则、职业道德准则和多数实体性准则都对实质性独立做出了规定。这些规定与资产评估法一致。如这些评估准则都强调"开展资产评估业务应当遵守法律、行政法规和资产评估准则,遵循独立、客观、公正的原则"。

对形式性独立的规定,主要包含在《资产评估基本准则》和《资产评估职业道德准则》中,如基本准则中规定,"资产评估机构、资产评估专业人员开展资产评估业务,应当独立进行分析和估算并形成专业意见,拒绝委托人或者是的当事人的非法干预,不得直接以预先设定的价值作为评估结论"。《资产评估职业道德准则》中则专章对形式性独立做出了较为详细的规定。

(三) 国际层面的规定

独立性要求是国际评估界的普遍要求,但专门对独立性制定评估准则在国际评估界还较少,大部分是作为职业道德要求的一个条款,例如,《国际评估准则(IVS)》(以下简称"IVS")中在《行为守则》的条款中要求评估师在执业中应当"恪守独立、客观、公正的原则,不得掺杂个人利益"。《美国评估准则(USPAP)》(以下简称"USPAP")在《职业道德规则》的行为条款中指出:"评估师执行评估业务应当公正、客观、独立,不得掺杂私利"。IVS 及 USPAP 都未对独立性进行进一步的解释说明,也未进一步说明该准则要求的提出背景。

英国《皇家特许测量师学会 RICS 估价标准》在执业规范第一章《遵守标准及道德要求》中,独立性和客观性是作为专门的条款出现的,其表述为"承办估价的会员的行为方式必须具备独立性、正直性和客观性"。在其随后的附录《机密性、对独立性和客观性的威胁以及利益冲突》中指出:"不可能列出对估价师的独立性或客观性可能带来威胁的各种情形的一个明确的清单。但是,在下列实例中,估价师通常有必要或者进行适当的披露,或者因为无法按照满意的方式解决或管理可能发生的任何冲突而拒绝工作"。但是在后面又进一步说明:"以上任一实例对会员独立和客观行事的首要义务的损害程度将取决于每个案例的情况"。从这些表述也可以看出为什么 IVS 及 USPAP 都未对独立性做过多阐述,因为难以明确定义、难以穷举其可能的情形,但存在一个较为客观的、判断其是否符合独立性要求的原则,那就是:"任何第三方对估价的利益以及他们对该估价的依赖都将是相关的考虑因素"。也就是说,虽然对于什么是独立性、独立性应该包含哪些情形在国际评估界尚没有通用的执行标准，但如果一切以是否可能侵犯了报告使用者的正当利益为判别标准时，对是否独立又是存在客观判断标准的。

三、实务中的把握

在资产评估执业过程中，恪守独立性原则要求资产评估师不论在承揽业务，还是在执行业务的各个环节中，都要始终保持独立的身份和独立的地位，不受包括客户在内的任何他人的干预。因此，资产评估师在执行资产评估业务时应该注意以下几个方面：

一是要主动避免与委托方或与被评估资产有关单位或个人之间存在利害关系，只有这样才能真正做到实质上的独立。所以，不论在承揽业务、接受业务，还是在执行业务的过程中，资产评估师都应主动回避与之存在利害关系的评估业务。

二是坚持把形式性独立放在突出位置。要在社会公众面前保持独立于委托人的身份，只有这样才能获得社会公众的信任。

三是在不同评估程序中合理把握独立性。资产评估业务有八大程序。资产评估不是在真空中工作，它需要在委托方的积极配合下才能顺利开展和完成，并不是所有评估程序中都强调独立性。因此，不能片面理解不与委托方接触就是独立，并不是不与委托方接触，就越能保证工作的独立性。评定估算程序中必须保持独立性，拒绝委托方或相关当事方的影响，不得以预先设定的价值作为评估结论。只要是通过独立分析、估算形成的专业意见，即使与委托方预先设定价值巧合，也并不必然影响实质上的独立性。除评定估算程序外，其他程序中需要做具体分析。

四是合理接纳委托方意见。资产评估准则中对形式性独立的规定，主要从利益冲突角度做出，是对静态情形的规定。而独立性特别是形式是的独立性，还需要评估专业人员强调行为上的独立。对于委托方提供的能够证实是客观、真实、正确与合理的资料、意见等是可

第三部分　程序类资产评估准则

以在履行一定的程序后接受的。在这种情况下，独立性表现为：在广泛与委托方接触及自己深入了解和掌握情况的基础上，认真听取委托方的意见，经过全面分析和思考后，独立对评估业务做出判断。至于这种专业意见所依据基础的来源和专业意见最终的使用方向，则对独立性不产生影响。

评估准则中对评估报告的重视

评估报告是资产评估行业提供的产品,是行业服务质量的展示载体,是行业与监管方、使用人交流的媒介。执业标准中向来对评估报告非常重视。

一、评估报告相关规范的演进

资产评估行业的产品,曾经有不同的称谓。包括"资产评估结果报告书"、"资产评估报告书"和"资产评估报告"。1991年以来,原国家国有资产管理局、财政部、国务院国资委、中评协等方面制定和发布多项涉及评估报告内容和格式的行政法规和规范性文件,对资产评估报告进行规范。主要有三个阶段,一是资产评估行业产生初期的探索阶段;二是以《资产评估报告基本内容与格式的暂行规定》为标志的逐步规范化阶段;三是以评估报告准则为标志的提升阶段。

(一)探索前行

1991年,《国有资产评估管理办法》要求"向委托单位提出资产评估结果报告书"。1992年,《国有资产评估管理办法实施细则》对资产评估结果报告书的内容做出了简单规定,但只规定了基本要素。1993年,《关于资产评估报告书的规范意见》对评估报告的部分要素提出了原则性的写作要求。1996年,《资产评估操作规范意见(试行)》也对评估报告要素做出了规定,但没有多大的进展。这些规范,在资产评估报告书内容和格式方面进行了探索,为规范评估师出具评估报告行为起到了十分重要的作用。这些规范有一个重要目的,是保证资产评估报告书满足国有资产管理的需求。

(二)资产评估报告基本内容与格式的暂行规定

1999年,财政部发布《资产评估报告基本内容与格式的暂行规定》。

该文不仅规定了评估报告的格式,也规定了评估报告的要素,还对评估报告各要素的写法做出了详细规定。该文适用于国有和非国有资产评估报告。该文对评估报告的影响是巨大的,深深地固定了评估报告在评估行业、监管者和评估报告使用者心目中的形象。该文的发布,进一步显示了资产管理者对评估报告的重视。

随着评估行业管理体制的改革和评估业务类型的多元化发展,该文已经难以适应新形势下评估行业发展的需求,其不足日益显现。主要表现为:

1. 仍然带有较浓的国有资产评估管理色彩,难以适应市场经济对评估服务的多元化需求。监管部门也有了更高的要求。

2. 对评估报告的格式和内容要求较为僵化,缺乏应有的灵活性,难以满足委托方日益多样化的需求。有了标准化,缺乏多样化。

3. 以成本法为基础,难以有效指导评估师运用市场法和收益法评估报告的写作。

(三)评估准则体系中的规定

评估准则体系中的评估报告准则框架是基本准则统领下的1+1+2

模式。即资产评估基本准则、资产评估报告准则和两个国有资产评估报告指南。基本准则对评估报告的主要内容做出了原则性规定。评估报告准则对评估报告的要素做出了规定。两个指南对格式和内容做出了详细规定，此后有可能制定其他类型的评估报告指南。

1. 评估报告准则。评估报告准则是普适性的，既适用于国有资产评估业务，也适用于非国有资产评估业务。不但要考虑评估行业的需求，还要考虑评估报告使用者和监管方的需求。不仅仅适用于交易目的，而且适用于所有评估目的、资产类别评估业务的一般性规定。因此，评估报告准则应当是一个中性的准则，对不同类型评估业务中评估报告的共同要求做出规定。

评估报告准则只对评估报告的要素进行了规定，但对于评估报告的格式，则没有具体的要求。原则上，评估师可以根据自己的理解和喜好，在满足评估报告内容要求的前提下，自主决定评估报告的格式。根据评估报告准则的精神，在满足基本要素要求的基础上，评估师可以根据评估业务性质和委托方要求，灵活选择评估报告的格式和详略程度。评估报告可以是一张纸，可是一本书。

2. 两项评估报告指南。评估报告准则制定过程中，也考虑了可能出现一些问题。例如，评估报告准则只对评估报告要素做出规定，但这些规定能否得到评估行业的接受，评估机构自行决定后评估报告会是什么样子，是否有必要把共性较多的评估报告的格式相对固定下来。同时，评估报告准则的思路虽然满足专业理念，但对于评估行业重要的国有资产评估业务来说，却增加了监管难度，也增加了评估报告使用者理解报告内容的难度。虽然非国有资产评估业务有所发展，但国有资产评估业务仍然是评估行业的主导业务。国有资产评估报告需要考虑监管方和评估报告使用者的需要。

因此，为服务国有资产监管，评估准则体系中又增加了《企业国有资产评估报告指南》和《金融企业国有资产评估报告指南》。两项指南，以方便评估业务监管和方便评估报告使用为导向，对国有资产评估报告的内容和格式做出了详细规定，详细到对评估报告的装订都提出了要求。

评估报告准则是要素性准则，只规定报告中有什么。就像盖房子，评估准则中只规定房子中应当有窗户、门、卧室、厨房、厕所、管道、照明设备，窗户应当有利于采光，层高应当达到什么高度等。至于门多大，门朝向，卧室数量，等等，则不做规定。这些内容，由客户提出要求，我们照办就行。这给评估师留出了极大的灵活性和空间。两项指南类似客户要求，是具体的设计基础，规定了有几个门窗、各自大小朝向、房间布局、管道走向等。这些规定基本满足的评估报告出具的执业需求、监管需求和使用需求。

3. 评估报告准则框架的修订。2014年开始，资产评估行业面临深刻的管理体制改革。2016年，资产评估法发布。这些变革对评估报告准则产生了重大影响。首先，从产品形式上，只有法定评估业务必须叫评估报告，其他价值意见，不一定是评估报告了，可以叫别的名称。其次，签署评估报告的人不一定是评估师了。最后，监管要求提高了，如提出了虚假报告的概念。

2017年，评估准则修订过程中，对此做出了部分反应。（1）基本准则中扩充评估报告基本内容规定，以满足行政监管需要。（2）促进评估报告基本要求的稳定。（3）评估报告准则只规范名称为"资产评估报告"的产品的要素。以其他名义出具的报告不受评估准则约束。（4）评估报告签字人扩大到评估专业人员。（5）以规范性引导为主，未对虚假报告做出规定。（6）两个报告指南未做大的修改，以适应国有资产管理规定相对稳定的需要。

二、准则内容的逻辑分析

（一）关于适用范围

基本准则和评估报告准则适用于所有评估业务。两个指南各有自己的适用范围，总体上，《企业国有资产评估报告指南》适用于《企业国有资产评估管理暂行办法》规定的应当进行评估的范畴，金融国资报告指南适用于《金融企业国有资产评估监督管理暂行办法》《金融企业国有资产转让管理办法》等文件确定的范围。国有企业接受非国有资产时需要进行评估的，参照执行。

（二）关于评估报告的构成

评估报告准则规定，评估报告由标题、文号、目录、声明、摘要、正文、附件构成。国有资产评估报告指南中规定评估报告由标题、文号、声明、摘要、正文、附件、评估明细表和评估说明构成。与评估报告准则相比，增加了评估明细表和评估说明。评估明细表是评估报告准则"附件"内容中"评估对象涉及的资产清单或资产汇总表"的细化。评估说明仅供申请核准备案评估报告使用，主要包括《企业关于进行资产评估有关事项的说明》和《资产评估说明》两个部分。

（三）报告中对评估技术的反映

评估报告准则和评估报告指南仅对评估报告应当如何编制和出具作出规定，解决评估报告应反映什么内容和如何反映这些内容的问题。除此之外，诸如如何作价或评估技术方法的内容，应当遵循其他评估准则、参考相关权威评估理论资料文献解决。评估报告准则只静态规范报告内容，不动态规范业务过程。评估报告中也包含主要评估程序的介绍，但只是程序的执行结果的反映。当然，国有资产评估报告指南中规定了评估报告中应当包括部分评估程序的实施情况，客观上对操作层面产生了影响，既通过披露要求倒逼操作。

（四）关于评估报告的底线

虽然在评估程序受到限制时可以考虑对评估报告的使用做出限制，但这种做法的前提是所受到的评估程序限制不会影响评估结论的合理性。评估机构不能无原则地出具评估报告，在无法得出合理评估结论的前提下，应当拒绝出具评估报告。

评估程序受限是普遍现象，评估报告的使用因此受到影响。有的评估准则体系是通过划分评估报告类型来限制评估报告的使用，如美国的 USPAP。我国评估报告准则是否划分评估报告类型、如何划分评估报告类型的问题，是整个评估报告准则设计中需解决的首要问题。但在何种情况下出具限制性评估报告，取决于评估师对项目风险的判断情况，评估准则中难以界定。资产评估法发布后，评估业务有了法定和非法定之分。虽然法定评估业务对评估报告的要求较为规范和全面，但由于法定评估业务中，委托方和相关当事方也具有较多的法律义务，评估程序的履行有更多的保障因素，因此评估报告的使用限制不是评估准则中需要考虑的关键事项。基于以上因素，评估报告类型的划分目前的现实需求不迫切。

（五）关于评估报告使用者的范围

评估报告使用者的范围概括为委托方、业务约定书中约定的其他评估报告使用者和国家法律、行政法规规定的评估报告使用者，并且要求评估师在评估报告中予以明确。要求明确评估报告使用者目的在于，一方面通过对评估报告使用者的确定，为评估报告的披露程度提供依据；另一方面，通过明确评估报告使用者的范围，强化评估师及评估机构的风险意识，防止评估报告被滥用。

（六）关于评估结论表达方式

评估师应当在评估报告中以文字、数字等形式说明评估结论。评估结论通常应当是明确的数值，经与委托方沟通，可以使用区间值或数学关系。评估结论通常应当是明确的数值（如 5 元），经与委托方沟通，可以使用区间值（如 2~3 元）或数学关系（如 >4 元）。

（七）关于评估报告有效期

关于"有效"的指向，有不同的意见。有的意见认为是评估报告的有效期，有的意见认为是评估结论的有效期。资产评估的价值意见，是一种时间价值，理性使用时，需要考虑这一特征。评估报告准则中没有对"有效"的指向做出规定，只是对评估结论的使用提出了要求。通常，评估基准日与经济行为实现日相距不超过一年时，才可以使用资产评估报告。

三、对评估报告准则框架的评价

资产评估准则体系中，评估报告准则框架分量较重，体现了资产评估行业对评估报告的重视。现有评估报告准则框架既发挥了重要的保障作用，也需要进一步提升。

1. 充分尊重外部需求。在评估报告准则基础上按照监管方和评估报告使用者的需要制定具体的要求，体现了评估准则服务资产评估监管和评估报告使用。

2. 矛盾的统一，收放有度。评估报告准则的发布后，在很大程度上解放了评估师的产品形式。在特定目的的评估业务中，又划出了具体的界限。

3. 非国有评估业务很纠结。是否参照国有资产评估业务评估报告的内容与格式编制和出具非国有资产评估报告，一直是评估机构纠结的事情，委托方往往参照国有资产评估报告指南提出要求。

4. "1+1+N"模式冲淡了评估报告准则的影响。评估报告准则最初是希望营造一种以内容为关注点的环境，让评估师、委托方都重专业内容轻报告格式。但是就当前执业能力和执业环境而言，全面放开评估报告格式，并不一定能够保证评估服务真正满足评估报告使用需求。让评估师自己决定评估报告重点不一定能够合理地解释评估结论，评估报告使用人不一定能找到自己的兴趣点。而评估报告格式的规定，至少可以保证信息披露的最低要求。因此，在特定领域，对评估报告格式做出特定规定，有其实践必要性。但这无疑冲淡了评估报告准则这一关键准则的影响。

评估程序准则的历史性

资产评估准则体系中，有多项评估程序类准则项目。从委托合同准则、评估档案准则、评估报告准则等基本程序方面的准则，到关注法律权属、价值类型、利用专家工作等业务细节方面的准则，可谓浓墨重彩。这些程序类准则对特定评估程序的规范履行、防范执业风险发挥了重要作用。但我们也看到，除了上述评估程序类准则外，还有一个专门的《资产评估执业准则——评估程序》。对于评估程序，基本准则有了最基础的要求，其他评估程序类准则提供了细化的要求，为什么评估准则体系中还要设计这样一个不高不低的准则项目？

一、评估程序太重要

评估程序的重要性是评估专业服务的性质赋予的。

评估专业服务是对评估对象的价值形成专业意见。评估结论是建立在评估基准日许多基本前提、假设条件之上的，并考虑业务的受限制程度。因此，专业意见具有较强的偶然性特点和时点性特点。评估结论形成过程中，要运用较多的专业判断。

专业判断是一种主观活动。对主观因素的评价与我们通常所作的对客观因素的评价不同。客观因素具有可对比、可推演、可验证等特点。这些特点都是主观因素所不具备的。因此我们无法对主观因素进行对比、推演和验证。

专业判断过程有许多痕迹，最重要的是评估程序。实践中，对于专业判断的评价，无论何种行业，基本遵循相同的思路：（1）服务提供者的胜任能力管理。（2）高尚的职业道德要求。（3）严格的程序管理。其基本思想就是，使合适的人以高尚的职业道德按照严格的程序执业，服务的质量就会有最基本的保障。可以看出，程序管理是专业服务业质量管理的三驾马车之一。

有关方面在判断评估结论是否合理时，也通常以评估程序执行是否到位为依据。对于专业服务行业，由于专业意见属于合理与否的范畴，在评估其工作结论时不能简单说结论的对与错，而只能从专业意见形成的过程中进行判断，如果专业意见的形成过程即评估程序合理，在胜任能力和职业道德没有问题，也没有其他相反证据的情况下，则只能认为专业意见是合理的。

二、评估实践和评估准则体系建设节奏需要独立的评估程序准则

（一）评估实践中对评估程序的重视不足

评估程序准则制定时，评估行业存在对评估程序重视不够的情况。2004年资产评估行业全面检查工作中发现的问题，许多与评估程序有关，而且相当严重。例如，没有评估工作底稿，评估工作底稿基本内容不完备，现场核查程序不规范，缺少三级复核。在所有3355家评估机构中，实地检查3169家，其中没有工作底稿的评估机构70家，工作底稿基本内容不完备的机构有1086家，现场核查程序不规范的机构891家，缺少三级复核的机构有562家。这些问题的存

在说明我国资产评估行业执行合理评估程序的状况不理想，评估程序的缺失为专业意见的质量埋下了隐患。

（二）司法实践对评估程序的履行提出了更高要求

在评估行业发展较早的一些国家，专业人士对评估程序非常重视。我国资产评估行业发展较晚，与其他国家相比也不很成熟，相关当事方在判断评估师专业意见时，往往只看评估结果是否与预期相符，而较少关注评估师在执行评估程序时是否尽职，是否到位。这是一种不符合评估行业专业特点的思路，在这样的国情下，大力宣传评估程序的重要性，使评估程序在评估师、监管部门和委托方等相关当事方心中占据正确位置，对于正确树立评估行业地位，保证评估行业顺利发展至关重要。随着市场经济体制的完善和专业服务行业的发展，我国司法实践正逐步从注重结果向注重程序转变。在评估师法律责任的界定过程中，评估程序是否得到完整、正确地履行已经成为一项非常重要的判定依据。这对评估程序的管理提出了更高的要求。

（三）评估准则体系中难以短期内建成多项程序类准则

评估程序准则制定时，评估准则体系建设刚刚起步。规划中的业务约定书准则、评估报告准则、工作底稿准则等，以急为先，对执业风险较为突出、评估实践问题较多的评估程序做出规定。但资产评估8项基本程序中，仍有多个环节没有专门评估准则。当时，评估准则建设任务繁重，能够及时有效规范评估程序的做法，就是制定单独的评估程序准则。

三、准则的主要贡献

（一）明确了评估程序的含义

评估程序准则规定，评估程序是评估师执行评估业务所履行的系统性工作步骤,是评估业务从开始到结束需要经历的各个环节。虽然从法律上说,只有签订业务约定书后才能算作评估业务的正式开始,但对于评估师来说,签订评估业务约定书之前已经需要做许多工作,例如与委托方进行初步沟通,对评估业务各相关事项进行初步明确等,这些工作里面已经有一些实质性业务内容,而且这些内容对评估业务的有序开展有较大影响。因此,从评估业务管理角度来看,评估程序应当从评估师接触委托方开始。对于评估程序何时结束的认定有不同的观点。有的观点认为评估程序至提出评估报告时结束,这也是许多西方国家评估行业的观点。也有的观点认为评估程序应当包括出具评估报告后的工作底稿整理归档工作。上述不同观点没有实质性冲突,主要是侧重点和想要达到的目的不同。把工作底稿归档工作纳入评估程序,可以方便监管,也有一种引导意图,是一个证据建设过程。政府部门或有政府背景的行业协会可能偏向于持有这种观点。对于评估行业发展较差,业内人士法律意识不强或行业法律环境较差的国家或地区也宜采用这种做法,这有利于帮助评估师划清责任。我国的资产评估准则中评估程序的内容比较广泛。这种做法有利于保持执业责任的界限,适合我国资产评估行业的发展状况和行业面临的执业环境。

(二)对主要评估程序提出了基本要求

评估程序准则对评估业务全过程的执业步骤都做出了规定。已经制定了评估准则的程序,评估程序准则中只做出的原则规定,对相关评估准则有引出作用。没有制定单独评估准则的程序或业务环节,评估程序准则做出了较细的规定,如评估计划方面的要求。

(三)规定了现场调查的方式

根据准则的规定,对现场调查可以有较多的理解。
1. 现场调查不仅仅是资产勘查。勘查只是现场调查的一种方式。
2. 不仅仅调查实物内容。现场调查环节还需要了解评估对象法律权属等。

3. 签字评估师不一定亲自到场，只要在评估计划中做出安排即可。当然执业风险由签字评估师负责。

现场调查是突出强调执行评估业务应当对评估对象进行实地调查。现场调查的职能容易与收集评估资料职能相混淆。收集评估资料则是在现场调查的基础上，根据评估业务具体情况全面收集执行评估业务所必需的评估资料。现场调查虽然承担了部分收集评估资料的职能，但其侧重点在于评估对象物理特性的调查。

（四）为替代程序预留了空间

基本准则和评估程序准则规定了八大基本评估程序。整个评估业务可能有很多环节，但归纳出八个环节，是因为他们重要。评估师执业时，可以额外履行其他评估程序。

根据评估程序准则，八大程序不能删减。但八大基本评估程序中的一些工作步骤，即具体评估程序，可以根据具体情况适当调整。评估准则允许根据评估具体情况制定工作步骤，"根据评估业务的具体情况和重要性原则确定所履行各基本程序的繁简程度"。具体工作步骤受到限制时，可以采取适当措施，这为替代程序提供了空间。替代程序针对具体程序，而非基本程序。

（五）提出了评估抽样概念

评估实践中由于评估对象资产规模的增大，逐项清查许多情况下已无法做到。为体现评估准则的严肃性及可操作性，评估程序准则提出了评估抽样概念，指出"资产评估专业人员可以根据重要性原则采用或者抽样的方式进行现场调查"。采用抽样方式时，评估师应当运用专业判断，确定可接受的风险水平，根据可以接受的最大允许绝对抽样误差或相对误差、置信度、具体抽样方法等合理确定现场调查的范围、程度，确信现场调查的范围和程度不会影响评估结论合理性，并在评估报告中对采用评估抽样以及为保证评估抽样合理性而采取的措施进行明确说明。这一要求是从现实出发，对现有评估实践中某些合理做法的认可，是对评估理论的一大突破。

四、评估程序受限的处理

评估程序受限在评估程序准则中没有过多关注。这是因为评估程序受限的处理需要多个评估准则项目共同予以规范。

从执业风险防范角度考虑，评估程序受到限制的规定，主要内容可以包括：

1. 哪些评估程序受到限制时会对评估业务的进展有实质性影响，从而导致评估师应当退出评估业务。

2. 哪些情况下可以使用替代程序；替代程序的使用原则，如对替代程序性质的要求，替代程序与原程序效果相似性的要求，替代程序与其他程序的衔接要求；替代程序的披露要求。

3. 如何披露评估程序受限。

对于评估程序受限，评估程序准则、委托合同准则、评估报告准则和评估档案准则中都有相关规定。这些规定的基本理念是，评估程序受到限制要判断，可以解除业务委托合同退出评估业务，如果继续执业则要做好披露，工作底稿中要有记录。如，评估程序准则规定，因法律法规规定、客观条件限制无法或者不能完全履行评估程序时，可以根据能否采取必要措施弥补程序缺失和是否对评估结论产生重大影响，决定继续开展或者终止评估业务；委托合同准则中规定，因委托人或相关当事人原因导致资产评估程序受限，评估机构无法履行合同的，评估机构可以单方面解除委托合同，这也是合同法赋予的权利；评估报告准则规定，评估程序受到限制，应当在评估报告中说明评估程序受限情况、处理方式及其对评价在结论的影响，应当说明因评估程序受限造成的评估报告使用限制；评估档案准则规定，工作底稿应当反映评估程序实施过程，包括重大问题的处理记录，评估结论的形成过程。评估程序受限的具体判断流程如图 1 所示。

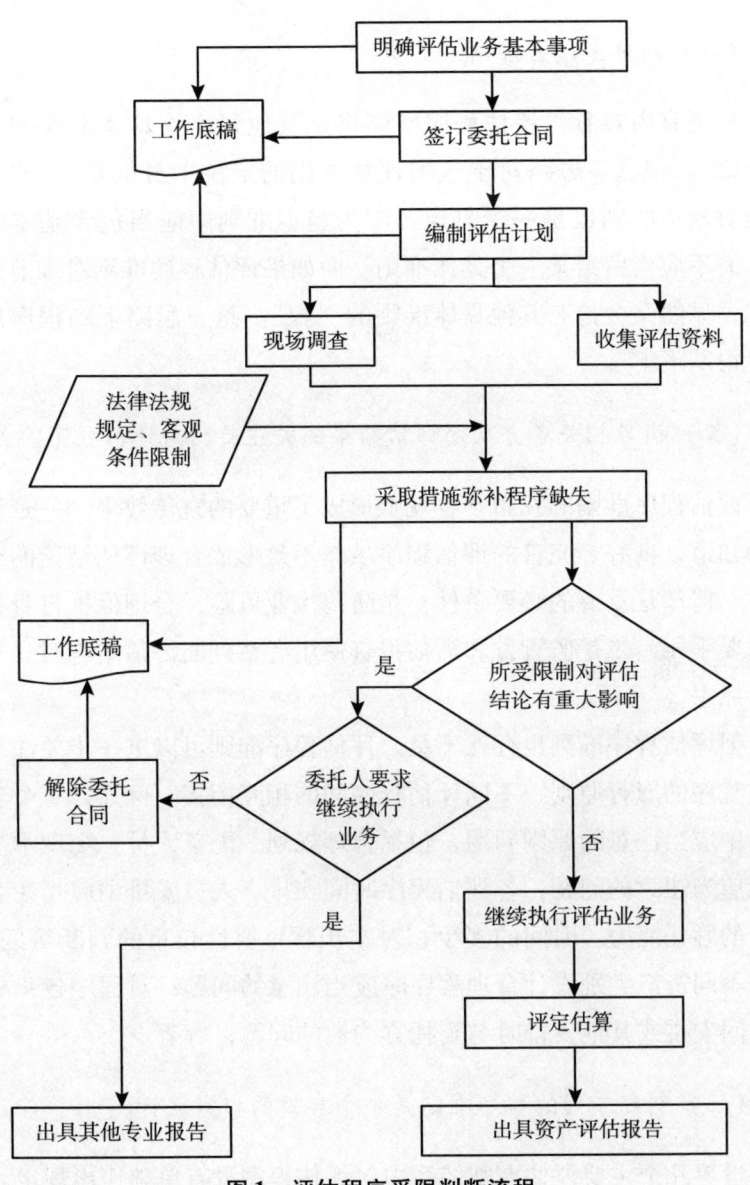

图 1　评估程序受限判断流程

五、对评估程序准则的评价

（一）程序类基本准则

从现有内容看，评估程序准则将是其他程序性具体准则的"基本准则"。但这一思路对于这项评估准则的定位本身就是一个打击，甚至对基本准则也是一个打击。因为基本准则中应当包含基本的要求，而不应当留给某一个具体准则。而如果评估程序准则对细节过多考虑，显然又会抢夺其他具体准则的"权"。这一思路下的程序准则天生根基不牢。

（二）引导相关各方从对评估结果的关注转到对评估程序的关注

评估程序准则的发布，客观上形成了重要的宣传效果。一是让评估师知道，良好、完善的评估程序虽然不是形成合理评估结论的充分条件，但却是重要的必要条件，是防范执业风险，合理保护自身权益的重要手段。二是监管方和评估报告使用者在判断评估结论时，有了新的抓手。

但评估程序准则也存在不足。评估程序准则可以进一步关注每项评估程序的履行原则、不同评估程序间的相互衔接。例如，每个步骤执行中应当注意的原则问题，包括合理规划、配备人员，实现本步骤目标应当注意的问题；各评估程序时间安排、人员安排中应当注意的人员的胜任能力，时间的多少，对本步骤重要性权重的判断等问题；根据不同资产类别设计合理程序时应当注意的问题；对程序各步骤进行时间安排或其他安排时与委托方沟通的问题；等等。

（三）制定专门的程序准则是一个有效的权宜之计

世界几个主要评估准则体系中对评估程序没有单独作出规定。这与这些准则所处的环境有关。在国外，专业服务已经有较长的发展历史，专业服务的特点已经为社会公众所普遍接受。当然，这些评估准则中虽然没有单独的评估程序准则，但并不说明这些准则对评估程序不重视，只不过这些准则对评估程序的规定较为分散。而在我国，评估等专业服务起步较晚，专业服务的特点尚未深入人心，人们对专业意见的判断仍然重点关注结果而不是过程，情况不理想。因此在资产评估准则体系中包含评估程序准则，不失为一项有效的权宜之计。现在，评估准则体系逐步完善，主要评估程序和主要风险点逐步实现准则覆盖，社会公众对资产评估专业服务特点的理解正逐步加深，或许评估程序准则的历史使命即将完成。

评估计划带来的纠结

是否制定评估计划准则，在准则制定过程中存有争议。争议的焦点是有没有必要把评估计划规定得过于严苛，降低评估执业过程的灵活性。甚至，是否有必要制定评估计划也有争议。这些争议仍在继续。以资产评估法发布为分水岭，评估准则中对评估计划的规定有所差异。

一、资产评估法之前的规定

资产评估法发布之前，评估准则中对评估计划的规定较为具体，涉及内容较全面。

（一）涉及的准则项目

资产评估准则体系中尚没有单独的评估计划准则。资产评估法发布前，对评估计划的规定主要涉及《资产评估准则——基本准则》和《资产评估准则——评估程序》。基本准则把"编制评估计划"作为一项基本评估程序。在基本准则规定的基础上，评估程序准则中对评估计划的编制做出了较为详细的规定。

（二）对评估计划的具体要求

评估准则中对评估计划的规定，可以归纳为几个方面：

1. 规定了评估计划的必要性。评估师执行资产评估业务，应当编制评估计划。

2. 规定了评估计划的跨度。评估计划的内容涵盖现场调查、收集评估资料、评定估算、编制和提交评估报告等评估业务实施全过程。

3. 规定了评估计划的内容。评估计划通常包括评估的具体步骤、时间进度、人员安排和技术方案等内容。

4. 规定了评估计划的详略。评估师可以根据评估业务具体情况确定评估计划的繁简程度。

5. 规定了评估计划的调整。评估师编制的评估计划，应当根据评估业务实施过程中的情况变化进行必要调整。

6. 规定了评估计划的审核。评估师应当将编制的评估计划报评估机构相关负责人审核、批准。

这些规定，对于制定适合资产评估业务特点的评估计划，以及评估计划的管理提供了较为详细的指导，对于防范执业风险起到了重要作用。

（三）实践中的问题

评估准则中的规定，在评估实践中产生了一些问题。

1. 与业务规模有关。制定较为详细的评估计划，对于小型评估业务较为适当，能够基本考虑到主要的执业程序、执业风险、工作量等。但对于规模较大的评估业务，评估计划制定较难，越详细的评估计划，反而操作性可能越差。

2. 评估准则的要求增加了管理难度。评估执业过程中，随着对评估对象了解的加深，可能需要对预先计划的评估步骤、时间安排、人员安排或技术方案进行适当调整。但评估准则中没有具体规定哪些调整需要重新履行评估计划的审批程序，导致评估实践中难以判断一些日期的微调和辅助人员的变动是否构成对评估计划的实质影响。这种情况下，如果没有及时调整评估计划，是否违反评估准则成为一个需要考虑的因素。

二、资产评估法之后的规定

资产评估法中有专门的评估程序一章，对评估执业过程的主要环节做出了规定。但这一章中并没有评估计划的相关规定。

评估准则制定，需要依据资产评估法的要求。但评估准则可以在资产评估法规定之外，增加新的执业要求，只要不违反资产评估法的基本精神即可。因此，虽然资产评估法中没有对编制评估计划做出规定，并不影响评估准则中对评估计划提出要求。

根据《资产评估基本准则》，编制评估计划仍然是一项基本评估程序。《资产评估执业准则——资产评估程序》第11条规定，"资产评估专业人员应当根据资产评估业务具体情况编制评估计划，并合理确定评估计划的繁简程度。评估计划通常包括评估业务实施的主要过程及时间进度、人员安排等内容。"

与以前评估准则的规定相比，修订后评估准则对评估计划的要求有较大变化。一是必备内容范围的调整，不再要求有技术方案。二是不再对评估计划的调整做出规定。三是不再对评估计划的审核做出规定。但修订后评估准则简化掉的要求，评估机构自己可以根据自身情况决定执行方式。例如，评估机构可以在内部制度中规定评估计划的调整和审核流程，可以自行决定在评估计划中包括技术方案等必要内容。

三、评估计划规定变动的影响

凡事预则立，不预则废。"计划"是工作或行动以前预先拟定的具体内容和步骤。制定评估计划的过程,是业务风险梳理的过程,是风险管制的过程。调整评估计划的过程,不仅仅是对评估程序、人员安排、时间安排等内容的变动记录,而应该是对变动过程中风险管制的进一步安排。判断评估计划的好坏,也应该是分析评估计划是否发挥了保证业务质量、防控执业风险的功能,不应当简单地检查评估计划的内容和变动记录是否完整。因此,制定评估计划,应当看作管理评估业务的需要,而不应当作为评估执业的负担。

评估准则中对评估计划规定的变动,可能产生操作、监管等方面的影响。

(一)增加了操作的灵活性

评估准则规定的变动,实质是资产评估行业对评估计划内含认识的改变。关于评估计划的内容,有两种主要观点。一种观点认为,评估计划只是评估业务实施的进度、人员、时间和费用安排,不涉及具体评估步骤。在这种观点下,评估程序执行过程中受到限制,只涉及评估程序的调整,不涉及评估计划的调整。另一种观点认为,评估计划不仅应当包括进度、人员、时间和费用安排,还应当包含评估程序的安排。在这种观点下,评估业务实施过程中受到限制,首先应当调整评估计划。评估准则修订后,采用的是第一种观点。这种规定下,评估程序的履行具有较大的灵活性。

(二)监管方式转变

评估计划具有风险管制功能,评估计划内容的改变,实质是对风险管控方式的改变。评估机构风险管控方式的改变,必将带来监管方式的改变。评估准则相关规定调整后,为管制业务风险,评估机构需要在内部管理制度中做出相应的安排,以弥补评估准则修订后的缺失。业务监管过程中,判断执业程序的适当与否时,标准不再全部是评估准则的规定,而是需要参考评估机构内部管理制度。而

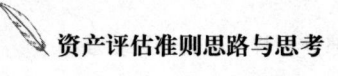

评估机构内部管理制度，与评估机构规模、人员状况、经营理念、业务特点和治理水平等因素有关，因此内部制度建设的内容和标准存在不一致，业务监管中的参考标准也就存在不一致。这将加大业务监管难度。

不太合群的质量控制要求

资产评估准则体系 2007 年发布时，准则体系中没有规划业务质量控制准则。2010 年，中国资产评估协会发布《评估机构业务质量控制指南》（以下简称《指南》）。这是当时评估准则体系中少有的以评估机构为规范对象的准则项目。

一、《指南》的制定背景分析

2005 年 5 月 11 日，《资产评估机构审批管理办法》第 16 条要求评估机构建立完善的内部管理制度，加强内部管理。内部管理制度至少应当包括：人事管理制度、财务管理制度、执业质量控制制度、业务档案管理制度。

2009 年 12 月 29 日，《财政部关于推动评估机构做大做强做优的指导意见》要求评估机构完善内部治理结构，加强执业质量控制。要求评估机构建立并完善科学的股东及合伙人进退机制、激励约束机制、内部决策机制、利益分配机制等，不断改善和改进机构内部治理。加强内部制度建设，规范执业标准、规范内部培训体系、规范业务承揽方式、规范质量控制，规范执业流程。完善质量管理机制，建立首席评估师制度。

2010年7月27日，中评协印发了《评估机构内部治理指引》，该指引要求评估机构按照质量控制准则的要求，制定实施科学、严谨的业务质量控制政策和程序，建立质量控制制度体系，强化风险管理，保障质量控制落到实处。

为了建立健全评估机构业务质量控制体系，保证评估机构管理工作和执业行为的合法性与合规性，切实提高执业质量，非常有必要制定评估机构业务质量控制指南，为评估机构做优做强做大及可持续发展提供坚实的规范基础和制度保障。2010年12月，中评协发布了《评估机构业务质量控制指南》（以下简称《指南》）。

二、《指南》的内容解构

《指南》作为评估机构内部管理制度的重要组成部分，聚集评估业务的质量控制，对业务质量控制的主要方面做出了规定。

（一）适应大中小各类评估机构

《指南》考虑我国评估行业的发展现状，既要适用于大型评估机构，也要适用于中小评估机构。《指南》第2条规定，评估机构应当结合自身规模、业务特征、业务领域等因素采用适宜的方法建立质量控制体系。在评估实践中，评估机构应当按照本条要求，考虑自身规模、分支机构数量、对相关人员和分支机构所授予的权限、人员的知识和经验、业务的性质和复杂程度、对成本效益的适当考虑，建立适合于本机构、能够实现本指南第2条规定的目标的质量控制体系。如果评估机构经营规模较大，业务的复杂程度较高、执业责任和风险较大，就需要根据本指南的要求建立更加复杂、有效的质量控制体系。

但考虑到管理成本、控制主体规模等因素，《指南》目前仅在证券相关业务资格评估机构中适用,其他机构鼓励采用。

(二)反映资产评估业务特点

评估机构的核心业务是资产评估业务,因此,本指南重点规范评估机构的资产评估业务质量控制。在借鉴相关行业质量控制经验基础上,特别注重按照资产评估行业的法律法规、评估准则、规范性文件以及资产评估业务特点,制定质量控制指南。比如质量控制责任的规定,涉及最高管理层、首席评估师、项目负责人、项目内核人员、项目团队一般成员、评估机构其他人员,在职业道德、人力资源、评估业务承接、评估业务计划、评估业务实施和报告等章节,都针对评估业务的具体情况提出要求,使其反映质量控制的过程、风险点和关键点。

(三)《指南》规范的对象

本指南旨在规范评估机构资产评估业务的全面质量控制,因此本指南规范的对象包括评估机构、注册资产评估师和评估机构其他人员,统称为"评估机构及其人员"。

(四)最高管理层

本指南使用了最高管理层这个概念,评估机构最高管理层指评估机构的董事会(合伙人管理委员会)成员或者执行董事(执行事务合伙人)。最高管理层共同承担管理职责、职责要清楚、分工要明确。最高管理层对业务质量控制承担最终责任。

(五)质量方针(服务宗旨)

质量方针,是由某组织的最高管理者正式颁布的该组织总质量宗旨和方向。企业的质量方针(服务行业一般称之为服务宗旨)是企业各部门和全体人员执行质量职能以及从事质量管理活动所必须遵守和依从的行动纲领。不同的企业可以有不同的质量方针,但都必须具有明确的号召力。本指南使用"服务宗旨"这一概念。

评估机构的服务宗旨是确立评估机构在业务质量方面的宗旨和方向,服务宗旨应当能为评估机构提供关注的焦点,形成全体人员的凝聚力,显示评估机构对外的质量承诺,争取客户的信任。服务宗旨要承诺识别客户需求、满足法律法规、评估准则的要求,并要承诺持续改进。服务宗旨应当为质量目标提供框架,服务宗旨的框架是建立和评审质量控制目标的依据。

最高管理层应当将服务宗旨通过各种方式、途径向全体人员传达贯彻,并要确保全体人员理解其内涵,明确自己的本职工作与服务宗旨的关联,知道如何做才能为实现服务宗旨做出贡献。最高管理层应当对服务宗旨进行评审以确保其适宜性。

(六)质量目标

质量目标是在服务宗旨的原则和框架下具体追求的目的,质量目标追求的结果应能实现服务宗旨的质量承诺。

评估机构业务质量控制的最终目标是满足法律法规、评估准则的要求,防范执业风险。这一最终目标可以理解为"满足要求的程度"。为此,必需建立更加具体、有针对性的质量目标。确保质量目标的建立和实现,是最高管理层的重要职责。

质量目标是全方位的、具体的、有针对性的、可测量的、可实现的。

(七)内部审核

《指南》中没有规定审核的层级,由评估机构根据自身管理需求确定。这与评估实践中通常所遵循的三级复核不完全一致。但按照指南的要求,内部审核至少需要达到三级。

三、对《指南》的评价

《指南》的发布对于指导评估机构重视质量控制、规范质量控制行为发挥了重要作用。

(一)质量控制不是执业层面的要求

业务质量控制,更多的是评估机构内部管理方面的要求。国际评估准则(IVS)、美国专业评估执业统一准则(USPAP)、英国评估指南(红皮书)等几个主要国际评估准则体系中,没有关于资产评估业务质量控制的内容。我国的资产评估准则体系最初也没有规划质量控制项目,《指南》中的一些表述方式与其他评估准则项目也不完全一致,因此,质量控制准则项目显得不太合群。

(二)以原则性为主

《指南》参考了ISO9000认证体系的相关要求,对评估机构制定业务质量控制政策和程序做出了原则性规定,但ISO9000认证体系是一个庞大的机制,《指南》与该体系相比,总体上较为原则。《指南》并没有对具体的政策和程序做出详细的规定,需要评估机构自身提出差异化的落实措施。

(三)对于中小评估机构的适用性较差

根据相关规定,有限责任制评估机构最低5名评估师即可成立,合伙制评估机构2名评估师即可成立。但合法的评估机构不一定满足评估准则的质量控制要求。这就为《指南》的实施带来障碍。因此,为适应中小评估机构质量控制,中评协采取了相应的措施。首先,仍然把质量控制准则保留在评估准则体系中;其次,规定业务质量控制指南适用于证券相关业务资格评估机构;最后,为促进中小评估机构加强业务质量控制,中评协结合中小评估机构的特点,制定了《中小评估机构业务质量控制专家指引》。

工作底稿管理的新趋势

咨询类服务，需要大量的工作证据，以便服务使用方、监管方能够判断其工作的合理性，使咨询服务具有说服力。资产评估服务，本质上是为委托人提供一种咨询性专业意见。这种专业意见获得委托人甚至社会认可，需要翔实的、可核查的工作轨迹提供佐证。因此，工作底稿对于评估业务至关重要。

中国资产评估协会2007年发布《资产评估准则——工作底稿》，对于资产评估行业工作底稿编制和管理规范化、防范执业风险、服务业务监管起到了重要作用。对资产评估工作底稿的管理，国外评估准则中涉及较少。国际评估准则中没有相应的准则项目。我国制定单独的工作底稿准则，一方面是行业执业和管理的需要，另外很大程度上受到审计工作底稿管理较规范的影响。

2017年资产评估准则修订时，工作底稿准则修改为《资产评估执业准则——资产评估档案》，将准则的关注点从执业过程扩展到后续的业务资料管理。这种做法，一方面是因为资产评估法中对评估档案的管理有具体的规定，资产评估准则中需要作出反映；另一方面是因为工作底稿的介质出现加速多样化的趋势，后续的管理越来越重要。

电子文档和其他介质文档日益成为信息传递的主要方式。评估业务中也越来越多地使用和形成电子文档和其他介质文档。这些工作底稿的管理与传统工作底稿的管理需要有所不同。目前的评估准则对这些新形式的工作底稿的关注稍显不足。已经出现的一些电子类工作底稿，不同评估机构的管理方式不同。有的评估机构电子类工作底稿数量较少，没有引起足够重视。有的评估机构的电子工作底稿散落在不同执业人员的电脑中，没有集中管理，没有形成档案。随着一些重要工作底稿更多地以电子或其他介质形式出现，评估准则中对此应及时予以考虑。

准则中对工作底稿的规定，基本满足执业和监管需要，但总体上仍是原则性规定。不同评估业务对工作底稿的要求不同。准则只是针对评估业务中的共性要求，对工作底稿的编制和管理做出原则性规定。对工作底稿以及归档后评估档案的管理，需要评估机构根据自身业务特点、风险管理方式等做出细化规定。

到底有多少评估方法

评估方法的选用是评估专业服务的关键技术环节。对评估方法选用的规范,也是评估技术规范的重要内容。

一、评估方法的中外表述

评估方法是指形成评估结论所用的技术手段。国际评估准则中用两个词指代评估方法:Approach 和 Method。其中,Approach 是指基本思路,Method 是指具体技术。Approach 有三种基本的分类:成本法、市场法和收益法。每一种 Approach 基本思路中又包含多种 Method 具体技术。两个词在英文中有时同时出现。中国评估准则中对两个词不做区分,评估准则中所指评估方法既包括 Approach,也包括 Method,需要根据具体语境进行分析。专门指 Approach 时,中国评估准则中使用的是"基本评估方法"。

二、评估准则中对评估方法的分类

中国资产评估行业对评估方法的分类与国际通行做法已经基本一致。

（一）中国评估准则的规定

《资产评估基本准则》规定，"确定资产价值的方法包括市场法、收益法和成本法三种基本方法及其衍生方法"。

这一规定有两个含义。一是评估方法的基本评估方法有三种，这与国际通行做法一致。二是衍生方法是从基本方法中演化出来的，不是新的技术体系。

（二）国际评估准则的规定

《国际评估准则》规定，市场法、收益法和成本法是评估界使用的三种主要评估方法。国际评估准则也允许评估师使用准则中没有定义或提及的评估方法。

（三）评估方法选用中的问题

经济社会发展为评估方法的选用提供了更加广阔的空间。经济社会发展，增加了评估对象的复杂度和丰富度，对评估方法的选用提出了挑战。评估行业需要创新思维，寻求发现评估对象价值的更加适当的途径。经济理论发展和信息技术的进步为价值发现提供了广阔空间。期权定价法、蒙特卡洛模拟法等逐步成熟，德尔菲法等方法适用性增强，大数据等技术更是提供了全新的思路。这都为资产评估方法的选用提供了更多的选择。但评估准则中需要考虑执业者的胜任能力和评估报告使用者、监管者的接受程度。因此评估准则中对评估方法的规定仍然较为严谨。

2017年发布的资产评估基本准则，在原准则规定基础上扩展了评估方法。这一规定一方面为评估行业的技术创新预留了空间，但也可能带来创新性方法的认可问题。一些新的衍生方法，可能对于合理发现价值是适当的，使用这种方法的评估专业人员可能也是有充分自信的，但有可能不被其他评估专业人员或外界认可，从而限制这些方法的使用。基本准则并没有对衍生方法作出具体规定。实践中，需要慎重选择衍生方法。

三、资产评估法对评估方法选用的影响

评估准则修订前后，对评估方法的选用要求有所不同。这是为了与资产评估法的规定相一致。

（一）评估准则总体上以适用性为选择原则

评估准则没有对评估方法的优劣或优先顺序做出规定。评估方法的选择，以适用性为原则。《资产评估基本准则》规定，资产评估专业人员应当根据评估目的、评估对象、价值类型、资料收集情况等相关条件，分析三种资产评估基本方法的适用性，恰当选择评估方法。

（二）资产评估法中以数量为原则

《资产评估法》规定，除执业准则规定可以使用一种评估方法外，应当使用两种以上评估方法。

评估准则对评估方法的数量没有过多强调，只要经分析是适用的，就应当采用该评估方法进行评估。《资产评估准则——企业价值》中曾经规定，"以持续经营为前提对企业价值进行评估时，资产基础法一般不应当作为唯一使用的评估方法"。准则修订时已予以删除。

国际评估准则也未要求采用两种以上评估方法。国际评估准则规定，不要求评估师对资产评估进行评估时使用超过一种的评估方法，特别是当评估师根据评估业务的实际情况和环境，对某种评估方法的可靠性和准确性有着强烈的信心时。然而，在缺少充分事实或可观察的信息情况下，单一评估方法不能得出可依赖评估结论时，应该考虑使用多种评估方法。

评估实践中，委托方或评估报告使用者可以对评估方法的选用提出要求。比如，《关于加强企业国有资产评估管理工作有关问题的通

知》规定，涉及企业价值的资产评估项目，以持续经营为前提进行评估时，原则上要求采用两种以上方法进行评估，并在评估报告中列示，依据实际状况充分、全面分析后，确定其中一个评估结果作为评估报告使用结果。

（三）评估准则中对资产评估法的落实

为贯彻落实资产评估法的要求，资产评估准则中对评估方法的选用原则做出了调整。在遵守适用性原则的同时，对数量原则做出了适当的规定。

资产评估基本准则要求评估专业人员根据评估目的、评估对象、价值类型、资料收集等情况，分析三种基本方法的适用性，依法选择评估方法。

在此基础上，中国资产评估协会制定评估方法准则，对评估方法的选用原则、只能选择一种评估方法的情形做出具体规定。

委托合同准则的作用

《资产评估执业准则——资产评估委托合同》前身是 2007 年发布的《资产评估准则——业务约定书》，2017 年准则修订时改为现名。

一、准则背景分析

1999 年，中国资产评估协会发布了《资产评估业务约定书指南》。该指南在规范评估机构和评估师签订业务约定书行为，促进评估行业健康发展方面起到了积极作用。随着评估行业管理体制的变迁、评估行业的发展和评估业务的扩展，评估行业风险主体地位得到加强，评估业务中新的风险点也不断出现，评估业务中需要进一步明确的相关各方责任义务内容也随之增加，原有的《资产评估业务约定书指南》已经不适应评估业务发展。为促进评估机构和评估师增强风险意识，合理界定评估业务各相关当事方权利、义务，需要重新对资产评估业务约定有关行为进一步规范。2007 年中国资产评估协会发布了业务约定书准则。

国际上主要评估准则体系中，虽然较少包含独立的业务约定书准则，但大都对业务约定的内容做出了规定。根据我国资产评估准则体系，业务约定书准则是程序性准则的重要内容之一，出台该准则既是规范评估业务的需要，也是完善我国资产评估准则体系的客观需要。

二、名称的改变

从合同角度看，"业务约定书"这一概念并不准确。合同法无此合同类型和法律概念。

这一概念来源于英文的"Engagement Letter"，在注册会计师审计业务中使用普遍，多年来在资产评估业务中也得到认可，实际上承担着业务委托合同的职能。

英文中未直接使用"合同"一词，而是使用业务约定书一词，比较适合专业服务的性质。合同，是指"两方面或几方面在办理某事时，为了确定各自的权利和义务而订阅的共同遵守的条文。"合同的重点是确定权利和义务。而在专业服务领域，委托、受托双方更关心的专业服务的内容。开展专业服务之前，需要对这些内容进行商谈、议定并立约。这些约定事项，有的涉及权利和义务，但有很多事项，是专业服务的基本服务框架，这些内容本身并不涉及权利和义务。因此，专业服务领域的委托文件，称为业务约定书，有其合理性。独立审计准则中对业务约定书的解释，也较少直接称为合同。

但本准则名称的改变也是合理的。评估实践中，在签订业务约定书时，对业务内容和双方的权利和义务规定得比较明确和全面，业务约定书实际发挥了合同职能。准则条款中对业务约定书的定义也直接定位为合同。

三、准则功能的演进

除了明确业务事项以外，业务约定书的合同功能在早期发挥了保护评估机构和评估师利益的功能。例如，对于评估服务费所作的详细规定，就可以帮助评估机构和评估师通过合同形式维护经济利益。准则中首次对业务退出做出规定，有利于评估机构和评估师合理回绝不当的业务要求并在退出业务时获得应得的报酬。准则中对业务约定书订立时间的规定，旨在帮助评估机构和评估师在弱势环境中，提前争取自身合法权益，在业务开始前与委托方达成共识，以法律文本形式确认权利义务，避免业务执行过程中或执行完毕后利益受损。

随着社会主义市场经济体制的完善，市场主体法律意识逐渐增强，市场秩序逐步改善，业务约定书承担的维护行业利益功能有所减退。评估机构、评估师和委托方对各自权利义务的关注都有所增强，评估准则中原有的一些要求反而逐渐对评估业务的顺利开展形成束缚。如评估准则中要求业务实质性开始前签订业务约定书的规定，对于复杂评估业务形成了束缚，评估机构和委托方往往需要开展较多的实质性操作后才能最终确定评估业务约定书中的具体内容。这种情况下，无法按准则要求及时签订业务约定书。评估实践中的这种情况给执业质量检查带来了困难，是否判定为违规成为两难。2017年修订评估准则时，许多规定的取消也源于此。

四、第一项未将评估师作为规范对象的准则

2017年以前，资产评估准则的原则是以执业人员为规范对象。但《资产评估准则——业务约定书》是第一项未遵循这一原则的评估准则。业务约定书准则的规范主体是业务约定书。主要因为业务约定书是评估机构与委托方签订的用于确认业务条件、业务范围以及双方权利、义务关系的合同，其中责任主体应当是评估机构而不是评估师。如果评估准则中以人员为规范对象，许多要求难以传递到评估机构。

五、关于委托方以外的相关当事方

资产评估业务的相关当事方中，委托方以外的当事方也具有提供资料、配合评估程序履行、合理使用评估报告等义务。但业务约定书是按合同进行管理的，只有合同当事人才受其约束。委托方以外的相关当事方不是合同当事人，不受约定书的约束，所以，业务约定书准则中未对委托方以外的相关当事方做出要求。但准则中也规定，由委托方负责与其他当事方沟通。"委托人应当根据资产评估业务需要，负责资产评估机构、资产评估专业人员与相关当事人之间的协调"。

六、业务退出机制

委托合同准则规定，评估机构应当对拒绝继续履行委托合同和单方面解除委托合同做出约定。这一规定为评估实务中业务终止提供了依据。

在评估市场不断发展，评估业务领域不断开拓，委托方要求日趋多样化的情况下，评估业务的执行过程中可能会出现一些无法预料的情况，评估师根据自己专业判断可能需要终止评估业务。但现有法规中没有评估师根据专业判断即单方终止业务的依据，合同法中的相关规定只是双方共同行为或出现容易判断的客观限制，不涉及专业判断等主观因素的影响。为解决这一问题，准则中要求评估机构把业务终止作为一项业务约定提前与委托方达成共识。委托合同准则规定，"委托人和相关当事人如果拒绝提供或者不如实提供开展资产评估业务所需的权属证明、财务会计信息或其他相关资料的，资产评估机构有权拒绝履行资产评估委托合同"。"委托人要求出具虚假资产评估报告或者有其他非法干预评估结论情形的，资产评估机构有权单方解除合同"。"因委托人或相关当事人原因导致资产评估程序受限，资产评估机构无法履行资产评估委托合同，资产评估机构可以单方解除资产评估委托合同"

七、准则的改进

委托合同准则的规定，促进评估业务基本事项在评估服务供需双方达成共识，有助于促成高质量的满足需求的评估执业行为。但委托合同准则也需要根据评估实践和市场发展做好进一步完善的准备。

（一）关于法院委托

司法涉案目的的评估业务中，委托方是人民法院。而法院对此类业务的管理并不通过业务约定形式。实践中，往往通过法院的业务通知书开展业务，评估机构无法实现与法院签订业务约定书。这种情况下，许多原由业务约定书或委托合同予以明确的事项，无法或需要通过其他方式明确，增加了业务风险。对于此类业务，委托合同准则没有完全解决。只是将此类业务的委托按照其他形式委托处理。委托合同准则规定，"以其他形式建立委托关系的，应当符合法律的要求"。如果法院不是实质的委托方，则需要通过适当的安排，明确承担合同责任的主体，以便合理确定评估业务相关事项。

（二）区分约定事项的类别

评估业务基本情况包括：委托方、评估目的、价值类型、基准日、使用者、报告用途、报告格式、报告提交日、责任划分、违约责任、收费金额，等等。为增强业务委托的有效性，需要对约定事项进行分类管理。

1. 可以约定的事项：一方可以单独改变、需要双方协商予以确定的事项。如：评估报告使用方式、评估报告使用有效期、评估报告格式、评估基准日、评估报告提交日、评估服务费等。这些事项需要重点予以明确约定。

2. 不可随意约定的事项：双方不可以改变，或者一方无法单独改变的事项。如：评估目的（就既定评估业务而言，评估目的是确定的）、价值类型。此类事项不能通过双方的约定规避相关方应当承担的义务。这类事项属列示事项，应当在委托合同中予以明确记录。

3. 任意事项：一方可单独改变，且不需要双方协商予以确定的事项。此类事项不属于委托合同重点约定的内容。

（三）关注评估实践中的约定不足

委托合同对当前评估实践水平中重要的风险点和事项的约定做出了规定。委托合同不可能包含所有业务事项。随着评估实践的发展，需要加强约定程度研究，分析有没有评估质量问题或者评估业务相关诉讼问题是因为委托合同的约定不足造成的，从而有针对性地修订委托合同准则予以防范。

利用专家工作准则的
"实"、"时"、"势"

评估师在执业过程中，由于学识、能力等原因，需要借助相关领域的专业人士或专业机构，协助自己完成评估业务。评估准则中将这种行为称为利用专家工作。资产评估基本准则中允许利用专家工作，但对于什么是专家工作、如何利用专家工作、利用专家工作的责任、披露等问题并没有进行规范。评估实践中，也大量存在引用一些单项资产评估机构的评估结论的情形，存在如何引用、引用的责任、如何披露等，已经成为评估实务中亟待规范的问题。为进一步规范利用专家工作，在评估准则体系中专门规划了专家工作准则。

一、准则之实

准则之实，是指利用专家工作准则的重要理念。

（一）国际评估准则允许利用专家工作

国际评估准则对利用专家工作的规定，是在"胜任能力"部分，包含三层意思：一是评估师本身需要具有适当的技能、经验和知识。二是不具有必需技能、经验和知识完成所有评估工作时，寻求专家帮助是可以接受的。三是评估师自身需要具备理解、诠释和利用专家工作的技能、经验和知识。

（二）利用的是"专家工作"而非"专家"

利用专家工作准则规范的内容是对工作的利用，对专家个人专业身份、能力的判断，都是围绕开展工作进行。这一内涵保证了"利用"一词的正能量属性。

（三）利用专家工作需要以具备专业胜任能力为前提

如果评估师本身不具备执行此项评估业务的基本胜任能力，则不能承接该项资产评估业务，也就没有后续的利用专家工作程序。

利用专家工作是在评估师具备专业胜任能力的前提下进行的。因此，利用专家工作不是请专家直接从事资产评估工作，而是请专家进行与资产评估相关的工作，或者称为请专家协助评估工作。利用专家工作的内容是评估师专业胜任能力以外的，诸如对资产功能和先进性的判断、特殊资产清查、必要技术鉴定等。可以理解为，利用专家工作不涉及价值意见。

（四）利用专家工作的中国特色

关于利用专家工作，中国资产评估准则中确认了三种情形：一是，聘请个人专家协助工作或提供特殊专业领域的专业帮助；二是，获取的其他专业组织（或机构）曾经出具的专业报告，或评估执业过程中商请委托方聘请相关专业机构，为评估工作所进行工作并出具的专门的专业报告，作为评估参数确定的参考依据或评估依据；三是资产评估结论汇总了其他单项资产评估机构的结论，特别是企业价值评估实践中，这种情况较多。如评估实践中，引用土地使用权估价报告，引用矿业权评估报告。

前两种是评估师"主动"的、"自觉"的、"选择性"的（可以，而不是应当），与注册会计师的利用专家协助工作性质、做法类似。第三种，则是"被动"而"必须"的。

这种规定具有明显的中国特色。特别是第三种情形，是我国特有的行业管理体制造成的。国际评估准则中没有对利用专家工作进行明确分类。与评估准则相似性较大的审计准则中，只包含了第一种情形和第二种情形中的一部分。

（五）关于"利用专家工作"的责任

利用专家工作的三种情况中，评估师利用专家工作的责任显然有所区别。第一种情况中，评估师和评估机构可以自主决定专家工作的程序，可以通过合理的程序安排对业务风险进行控制，因此，如果没有履行合理程序而产生风险，评估师和评估机构理应承担相应的法律责任。第二种和第三种情况中，评估师责任较难判断。第二种情形中的一部分利用专家工作，评估师可以控制专业机构的工作程序，或者可以对专业机构的工作程序做出合规性判断，并采取措施进行风险控制。而第二种情形中也有许多利用专家工作的程序是评估师和评估机构无法控制的，第三种情形也是如此。对于评估机构和评估师无法控制专家工作程序的情形，相关法规中有规定的，从其规定。

《资产评估准则——利用专家工作》中对后两种的责任没有做出明确的规定，只是从操作程序上提出规范性要求，力图控制风险。

二、准则之时

利用专家工作，是专业实践的客观需要。在当前的经济环境中，评估业务中利用专家工作更加普遍，需要更加重视。

1. 资产评估服务范围不断扩大。随着全面深化改革的推进，资产评估在更多的领域发挥专业服务作用。一些新的服务领域，如生态领域，新型资产进入评估师工作范围。对这些资产自身特性的把握，超出大多数评估师的专业范畴，需要更多地利用专家工作。

2. 资产发挥作用方式改变。经济形态快速变异，新经济、新产业、新业态的出现，资产在新环境中发挥作用的方式发生改变。评估师执业过程中，对评估范围中涉及的资产，即使是常见资产，有时也需要在新的使用特征中分析其价值影响因素，这时也会产生利用专家工作需求。

3. 资产分析难度加大。知识经济、信息社会、大数据时代等新概念层出不穷，透露着经济和社会发展速度加快。新技术出现的速度、对资产的影响，有时超出我们技能、经验和知识更新积累速度。社会分工进一步细化。资产评估业务中对利用专家工作的需求上升。

三、准则之势

准则之势，是指准则与相关准则的关系。

（一）需要处理好与评估程序的关系

利用专家工作应当归入哪个评估程序。从三种情形的工作内容分析，第一种情形的利用专家工作主要发生在现场调查程序，仅仅为本次评估业务而做；第二种情形的利用专家工作主要发生在收集评估资料程序，利用的工作不一定是专门为本次评估业务而做，而可能是其他正常工作或程序中形成的工作成果；第三种情形，更多的是在评定估算程序，利用的专家工作与本次评估业务的匹配性需要重点关注。三种情形中，评估师需要履行的程序不一样，评估师的执业责任也是不一样的。

因此，为增强利用专家工作与评估业务的关联度，提升评估准则指导性和针对性，有必要对利用专家工作的范围进行研究调整。结合三种情形与评估程序的关系，利用专家工作界定于现场调查阶段较为合理。但这种调整，需要结合资产评估法发布后评估专业分工的调整进行。

（二）区分价值意见和资产属性意见的关系

评估师执业过程中利用专家工作，不应当是请专家对价值发表意见。评估师自身是价值方面的专家，不应该再请其他专家为价值发表意见。利用专家工作，应该是对价值以外的特性发表意见。因此，为合理规划评估服务框架中各专业的责任格局，需要重新考虑利用专家工作的内含。

对价值类型的再认识

资产评估准则中第一次出现价值类型,是 2004 年的《资产评估准则——基本准则》,该准则只规定要合理选择评估结论的价值类型。2005 年发布的《金融不良资产评估指导意见(试行)》首次对常见价值类型做出了定义。在此之前的 10 年左右的时间中,资产评估业务规范中,都没有对评估结论价值类型提出要求。尽管如此,却并没有引起较大的业务混乱。究其原因,与我国评估行业在这一时期主要服务国有企业改制有关。这种情况下,评估目的相对单一,评估结论的价值类型相对固定,不区分价值类型,影响不大。

随着经济体制改革的不断深入、市场经济体制的不断完善,资产评估行业服务的经济行为多样化,服务的所有制形态多样化,同一资产在不同的评估目的中需要体现出不同的价值,这时,价值类型的规定成为必需。

一、价值类型的概念

所谓价值类型,就是作为评估对象的同一资产在不同条件下,对于不同的市场主体、评估目的等具有不同的价值。评估师在进行评估时应当与委托方进行充分讨论，根据评估目的等相关条件确定适用的价值类型，并对该价值类型进行明确定义。不能使用未经定义的价值概念，以免误导评估报告使用者。

1. 价值类型是从来源角度判断价值。对于价值类型，国际评估准则和英国评估准则中使用的英文是 Basis of Value，Standard of Value。美国 USPAP 中使用过 Type of Value，原意是价值基础。之所以称为价值基础，是从价值形成源头角度对价值进行区分。不同的来源形成了不同类型的价值。

2. 价值类型是指评估结论的价值类型。评估业务过程中，为形成评估结论而形成的过程价值，没有价值类型。例如，企业价值评估中，只需要对最终的企业价值结论选择价值类型，对于企业价值评估涉及的各组成资产的评估，则不赋予其价值类型。

3. 需要区分评估对象自身特性。任何由于评估对象的不同以及评估对象用途的不同导致的价值量差，不是评估对象价值的函数，不应当定义到价值类型中。例如，受限所有权是评估对象不同，原地、异地使用是用途和前提，是由于人为因素导致的，不影响评估对象的价值类型。

4. 价值类型主要由评估目的决定。《资产评估价值类型指导意见》规定，"执行资产评估业务，选择和使用价值类型，应当充分考虑评估目的、市场条件、评估对象自身条件等因素。"国际评估准则规定："根据评估业务约定的评估目的选择适当价值类型（或多项价值类型）是非常重要的，价值类型可能影响或支配评估师对于方法、输入和假设的选择，最终影响评估结论。"（国际评估准则104：价值类型）

二、准则中对价值类型的规范方式

资产评估准则体系中对价值类型的规定分不同层面。

（一）基本准则提出原则性要求

基本准则中规定，执行资产评估业务应当恰当选择价值类型。

（二）相关准则侧重提出执业需求

《资产评估准则——基本准则》发布后，执业人员和相关方对评估结论的价值类型进一步重视。根据基本准则的要求，相关程序性准则和实体性准则从形成合理的评估结论的角度，对评估结论的价值类型提出需求。这些准则的规定，把基本准则中评估执业人员的被动义务，转化成执业人员主动的业务行为。

（三）价值类型准则集中做出指导

有了要求和需求，实践中评估师在贯彻落实时存在价值类型选择不恰当、价值类型定义混乱等问题。《金融不良资产评估指导意见》中虽然对主要价值类型进行了定义，但该指导意见以金融不良资产处置为目的，与其他评估目的资产评估业务匹配性不足。为落实基本准则和相关准则对价值类型的要求和需求，中评协制定了专门的价值类型准则，对相关准则的规定进行细化，对价值类型的选择、使用和定义提供较全面的指导。

《资产评估价值类型指导意见》"规范资产评估专业人员选择、使用和定义价值类型行为"。价值类型的披露要求，在评估报告准则和相关实体性准则中规定。

三、评估准则认可法规或契约中规定的价值

除评估准则中规定的价值类型和定义外，价值类型准则也认可法规和契约中规定的价值类型。根据价值类型指导意见，某些特定资产评估业务中，相关法律法规或契约等可能对评估结论的价值属性及价值类型具有强制约束，这时评估师应当按照相关法律法规或契约等对

评估结论价值属性及价值类型的要求，选择恰当的价值类型。例如，以财务报告为目的的评估业务、以课税为目的的评估业务、以保险为目的的评估业务、以抵押为目的的评估业务等，相关准则、法规中对价值类型有明确要求的，从其规定。

国际评估准则也持有相同理念。例如，价值类型准则规定，评估师可以根据法规、监管规则、合同或其他文件要求选择价值类型。这些价值类型必须有定义和相应的应用。金融工具准则中规定，评估师经常使用 IVSC 以外的实体/组织定义的价值类型（在 IVS104 价值类型中提到一些例子）对金融工具进行评估，评估师有责任理解和遵循与这些价值类型相关的、在评估基准日的监管制度、判例法、税法和其他解释性指南。国际评估准则中定义的价值类型外，IVS 还不完全地列示了非 IVS 定义的、由司法辖区法律或国际协议认可和采用的价值类型，包括国际财务报告准则、经济合作与发展组织、美国税务局、美国示范公司法、加拿大判例法等规定的价值类型。

四、评估专业价值类型与会计专业价值类型的衔接

国际上资产评估价值类型与会计准则中的价值类型没有清晰区分，甚至使用时存在混淆。原因是国际上评估专业与会计专业难舍难分，共用专业理念。许多评估执业队伍本身就是会计队伍。

我国的评估专业与会计专业有很明显的界限。资产评估在我国形成了独立的理论体系。我们的评估准则与会计准则也相对界限清晰。这都使得我国具备区分评估价值类型和会计价值类型的基础。

本质上，会计价值类型服务于会计计量，是从资产的使用角度进行划分的。而评估的价值类型是从价值形成角度进行划分的，着眼点是价值形成根源。因此，两个体系中的价值类型并不能完全直接等同，需要进行划分，需要自成体系。在分别自成体系的基础上，评估的价值类型与会计价值类型进行匹配，才是正确的专业思路。

例如，对于会计准则中规定了"公允价值"、"现值"、"可变现

净值"、"重置成本"等。财务报告目的评估业务中目前的做法，除公允价值以市场价值对应外，其他会计准则规定的价值按准则规定直接作为评估价值类型使用。这种做法虽然没有造成实践对接的混乱，但并不符合专业思路。应当从这些会计价值的形成角度，提出资产评估专业的价值类型与之对应。

五、价值类型的列举方式

国际评估实践中，市场经济较为完善的国家和地区，资产评估需求者对评估结论价值类型的要求越来越具体，越来越理性。恰当选择价值类型已经成为国际上评估准则和评估实践最基本的执业要求和执业理念。国际主要评估准则体系中因此对价值类型比较重视。

《国际评估准则》中一直对价值类型有详细规定。1997版至2007版中，都有单独的价值类型准则项目。2011版和2013版中，准则结构发生重大变化，不再单独设置价值类型准则项目，但在概念框架中包含价值类型概念的介绍。2017版国际评估准则中重新设置单独的价值类型准则。美国"专业评估执业统一准则"中没有单独的价值类型准则项目。但USPAP中认可价值类型，且要求评估师关注价值类型。例如，"市场价值是一种价值类型……"。"应当明确价值类型和定义"，"在评估执业中，价值总是被确定为某种价值类型，如市场价值、清算价值、投资价值等"。英国皇家特许测量师学会的评估准则中有单独的"价值类型和评估假设"准则。国际评估界的这些指导思想和执业理念对我国价值类型准则的制定起到了很好的借鉴作用。

国际评估准则中长期将价值类型分为"市场价值"和"市场价值以外的价值"两大类。市场价值以外的价值是一个集合概念。这种方式突出了市场价值的地位。毕竟，资产评估中的市场价值定义是国际评估准则委员会首次确定且引以为荣的。2017版国际评估准则中，开始改变这种做法，将市场价值以外的价值类型打开单独表述。

英美评估准则中也采用单独表述的方式。

我国资产评估准则中，采用国际评估准则中对价值类型的较早的分类方式，分为市场价值和市场价值以外的价值类型，并分别予以定义。

六、市场价值

无论对价值类型如何分类，市场价值都是必须重点关注的。资产评估业务中，以市场价值为评估结论价值类型的业务占大多数。

我国价值类型准则中规定："市场价值是指自愿买方和自愿卖方在各自理性行事且未受任何强迫的情况下，评估对象在评估基准日进行正常公平交易的价值估计数额。"这一定义与国际评估准则基本一致，是国际通用的表述。

市场价值是一种理想的价值，一旦与现实中具体的市场条件结合，就不再是市场价值。根据其定义，市场价值应具有以下要件：

第一，自愿买方。指具有购买动机，没有被强迫进行购买的一方当事人。该购买者会根据现行市场的真实状况和现行市场的期望值进行购买，不会特别急于购买，也不会在任何价格条件下都决定购买，即不会付出比市场价格更高的价格。

第二，自愿卖方。指既不准备以任何价格急于出售或被强迫出售，也不会因期望获得被现行市场视为不合理的价格而继续持有资产的一方当事人。自愿卖方期望在进行必要的市场营销之后，根据市场条件以公开市场所能达到的最高价格出售资产。

第三，评估基准日。指市场价值是某一特定日期的时点价值，仅反映了评估基准日的真实市场情况和条件，而不是评估基准日以前或以后的市场情况和条件。

第四，以货币单位表示。市场价值是在公平的市场交易中，以货币形式表示的为资产所支付的价格，通常表示为本国货币。

第五，公平交易。指在没有特定或特殊关系的当事人之间的交易,即假设在互无关系且独立行事的当事人之间的交易。市场价值是根据市场价值的定义条件,在评估基准日资产在市场上最有可能合理得到的价格,是卖方可能合理获得的最佳价格和买方可能合理获得的最有利的价格,也是在排除交易双方认同的特殊因素和优惠,或特殊价值的组成因素,以及特别条款或情况如非典型融资,售后回租等情况下,进行合理的增减后最有利的价格。

第六,资产在市场上有足够的展示时间。指资产应当以最恰当的方式在市场上予以展示,不同资产的具体展示时间应根据资产特点和市场条件而有所不同,但该展示时间应当使该资产能够引起足够数量的潜在购买者的注意。

第七,当事人双方各自精明,理性行事。指自愿买方和自愿卖方都合理地知道资产的性质和特点、实际用途、潜在用途以及评估基准日的市场状况,并假定当事人都根据上述知识为自身利益而决策,理性行事以争取在交易中为自己获得最好的价格。

第八,估计数额。估计数额是指资产的价值是一个估计值,而不是预定的价值或真实的出售价格;是在评估基准日,满足对市场价值定义的其他因素的条件进行交易的情况下资产最有可能实现的价格。市场价值中的估计数额是指在公平交易中,以货币形式(正常情况下是本国货币)表现的资产的价格。

某项资产对于某特定市场主体所具有的价值,可能不同于市场或特定行业对该资产价值的认同。市场价值反映了各市场主体组成的市场整体对被评估资产效用和价值的综合判断,不同于特定市场主体的判断。

七、价值类型与评估目的和评估方法

在评估准则的表述中,评估目的对评估方法是否具有决定作用,一直未予明确。两者的关系,如果把价值类型考虑进去,则瞬间清晰。

（一）评估目的与评估方法没有刻意对应

选择评估方法的基础条件有多种，如评估对象自身条件、评估资料收集情况等。但评估方法没有与评估目的刻意对应。特别是在评估方法运用不成熟的情况下，避免了通过评估方法选用影响评估结论的情况，规避了以评估方法迎合经济行为之嫌。例如，《资产评估准则——基本准则》第16条，"注册资产评估师执行资产评估业务，应当根据评估对象、价值类型、资料收集情况等相关条件，分析三种资产评估基本方法的适用性，恰当选择评估方法，形成合理评估结论"。此条没有把评估目的作为评估方法选择的条件。

（二）评估目的与评估方法的中介是价值类型

但是，评估目的对评估方法的选择的确有一定影响。例如，特定评估目的下，评估业务的基本条件已经明确，对评估对象价值内涵的审视角度已经明确，这种情况下，评估方法的适用性也比较明确。但这个过程中，评估目的实际是先决定了价值类型，再通过价值类型影响评估方法的选择。因此，评估目的和评估方法的关系，是通过价值类型传导的。

八、对价值类型准则的评价

对评估结论价值类型做出规定，进一步提升了评估结论的经济内涵，加强了评估技术与经济行为的联结。价值类型的普及，在行业内部促进了评估技术运用的针对性，在行业外部对于促进评估报告使用者合理理解评估结论具有重要作用。

在全面深化改革背景中，随着国有资产管理改革和市场经济体制发展完善，评估结论的价值类型中多样化发展趋势。投资价值、抵押价值、保险价值等热点经济行为中需要的价值类型逐渐成为评估行业的新的关注点。在对价值类型提出总体要求和做出基本定义的基础上，评估准则中需要进一步完善市场价值以外其他价值类型的技术方法，促进相关经济行为中价值的合理发现。需要进一步研究不同价值类型的关系，判断在市场价值基础上形成其他价值类型的合理性。需要进一步研究价值类型披露框架，明确其他价值类型脱离市场价值独立披露的要求如何设定等，以便评估报告使用者能够合理理解评估结论的价值内涵。

如何关注评估对象法律权属

资产评估准则体系中,《注册资产评估师关注评估对象法律权属指导意见》是一项比较早的准则。评估师在了解评估对象的产权状况时,需要对资产的法律权属资料进行分析,这是评估业务的必经程序。但评估师对法律权属资料如何分析,承担什么责任,却在很长时期内没有明确,给资产评估执业造成极大风险。《指导意见》在多数基础准则没有制定前发布,透露了当时资产评估执业面临的严峻形势。

一、准则背景分析

《注册资产评估师关注评估对象法律权属指导意见》发布于2003年,适应当时特殊的经济、管理和行业背景。

（一）经济和社会背景

作为一个为市场经济提供专业服务的中介行业,资产评估业应当建立在以产权明晰和市场公开为基本特征的市场经济基础上。但我国当时正处于经济转轨时期,市场经济体制尚未完全建立,这就决定了我国资产评估行业中所遇到的一些主要问题是由于执业环境和宏观体制与资产评估专业工作的性质不匹配所造成的。当时,由于计划经济的影响,我国的产权制度、产权确认体制和原则没有很好地建立,导致产权不清晰、产权存在瑕疵的状况普遍存在。

在西方评估行业发展较早的国家,由于有着清晰的产权制度和完备的专业化分工,资产评估服务的目的简言之就是回答客户提出的问题,即评估对象的价值是多少,评估师无需对评估对象的法律权属资料进行查验并发表意见,其原因很简单:第一,对评估对象法律权属发表意见超出了评估师执业范围和能力;第二,根据专业化分工,评估对象法律权属方面的意见或其确认根据不同场合,分别由当事人、律师、法院等负责;第三,专业化分工得到普遍尊重,客户、社会公众和法官也不会在这方面对评估师提出不恰当的期望。因此,在国际上其他评估准则体系和专业书籍中,几乎没有涉及评估师关注评估对象法律权属的内容。

"专业分工、各负其责"的理念在我国尚处于逐步营造和建立的过程中,有关部门和社会公众仍倾向于希望其他部门和人士也对相关资产法律状况有所关注,以加强这方面的责任和信任度。由于评估师的专业工作是反映资产的合理价值,社会公众、政府部门乃至司法部门根据"资产法律状况必然影响价值"和"评估师执业时需要了解产权状况"等认识,也就希望和要求资产评估这个环节对提高评估对象法律权属状况的真实性有所作为,并承担相应责任。

(二) 行业管理背景

随着 1998 年开始的政府机构改革、国有资产管理体制改革,以及随之而来的评估行业管理方式改革的推进,评估师逐渐成为评估行为的责任主体,这个问题显得非常重要。

当时的资产评估相关规定没有真正解决评估师如何关注法律权属的问题。《国有资产评估管理办法》规定：占有单位委托资产评估机构进行资产评估时，应当如实提供有关情况和资料。《国有资产评估管理若干问题的规定》规定：占有单位应当如实提供有关情况和资料，并对所提供的情况和资料的客观性、真实性和合法性负责。这些规定在委托方义务方面的规定基本一致，即资产占有方有如实提供相关资料的义务，但在评估机构的责任方面没有说清楚。

评估行业对此问题没有统一认识。有些评估师认为评估执业人员不必对评估对象法律权属承担责任，却也有相当一部分评估师认为评估执业人员有义务保证评估对象的法律权属，在评估实务中错误地对评估对象的法律权属进行鉴定，为评估对象的法律权属提供保证。这种情况超出了评估师的职能范围，加大了评估师的执业风险，给评估师带来了潜在的执业责任。更严重的是，在无其他保障措施的情况下，社会公众、管理部门、司法部门等倾向于要求评估师对评估对象法律权属的真伪承担责任。这使得我们评估师在此类案件和监管事项处理中处于不利地位。

这些问题的解决无法从国外现成的评估准则和评估理论中找到答案，也不可能不切实际地期望通过外部环境的很快改善来解决解决这类问题，只能通过指导评估行业的行为，尽可能地降低评估风险。

（三）评估业务管理背景

在相当长的时期内，我国实行国有资产评估立项确认制度，政府部门而不是评估师承担了（至少在形式上）评估行为的相关责任，特别是国资部门的确认普遍被认为具有确认产权和价值的双重作用，因此很少追究评估师在评估对象法律权属方面责任。随着国有资产评估管理制度的改革，评估机构和评估师逐渐成为评估行为的责任主体，评估行业出现一些业务纠纷和法律诉讼，多数与评估对象的法律权属有着直接的关系。一旦发生法律纠纷,当事人大多要求评估师不仅对资产评估结果的合理性承担责任,而且对评估对象法律权属承担责任,而司法部门、社会公众也有这种倾向,就连涉案的评估师对此也认识不清。同时在评估实践中,确实也存在着有些评估机构和人员超越执业能力和范围,不恰当地对评估对象法律权属发表了意见。这种现象不仅影响了评估行业的健康发展,而且转移了公众注意力,忽视或淡化了追究委托方或资产占有方应当对评估对象法律权属承担的责任,为一些不当经济行为提供了可乘之机,严重损害了公共利益。

二、指导意见内容解构

指导意见最初发布时共13条,简练地对关注法律权属提供了指导。资产评估法发布后,指导意见的内容与法律精神基本相符。2017年准则修订时,在内容方面加强了与评估法的衔接,在格式方面做了优化。

(一) 法律权属对评估结论有重大影响

资产评估的评估对象,名义上是各种资产,实质上是资产背后的财产权利。如所有权、使用权等。相同的资产,委托方在其中的权利不同,则评估结论不同。法律权属状况承担着这些权利信息,必然对评估结论产生影响。指导意见中对此态度鲜明。修订前,指导意见中规定,"注册资产评估师应当知晓评估对象法律权属对评估结论有重大影响。"修订后,指导意见中也强调,"资产评估对象法律权属对理解评估结论有重大影响"。

(二) 委托双方责任的划分

指导意见明确了业务委托双方责任。委托方及相关当事人应当对评估对象法律权属的真实性、合法性和完整性承担责任。评估师应当认识到由于评估对象法律权属对评估结论具有重要影响，评估师应当予以关注和恰当披露。要求评估师关注法律权属状况，既是维护公共利益的要求，也是专业操作上的必经程序。

（三）"关注"的基本含义

指导意见名称前后有变化。修订前强调了对"关注"行为的规范。根据指导意见的内容，关注的基本含义包括多个程序：告知委托方应承担的义务、根据权属状况决定是否承接业务、对权属资料进行查验、根据查验情况决定是否出具评估报告、对权属状况进行披露。

（四）涉及的评估程序

指导意见旨指导评估师不要对评估对象的法律权属提供保证，按照评估准则完成评估业务的同时尽量规避风险。涉及的评估程序包括"明确评估业务基本事项"、"现场调查"、"收集评估资料"、"评估披露"、"工作底稿归档"。

（五）查"资料"而非"权属"

对法律权属发表意见，应由委托方或法律人士完成，超出评估师的执业范围。指导意见对查验内容做出了明确规定。即评估师查验的是法律权属资料，而不是法律权属本身。发表的意见也是针对权属资料的意见。

根据上述分析，可以发现贯穿指导意见的整体思路如图1所示。

三、对指导意见的评价

法律权属指导意见是一项以问题为导向的准则项目，解决了影响行业健康发展的重要问题。

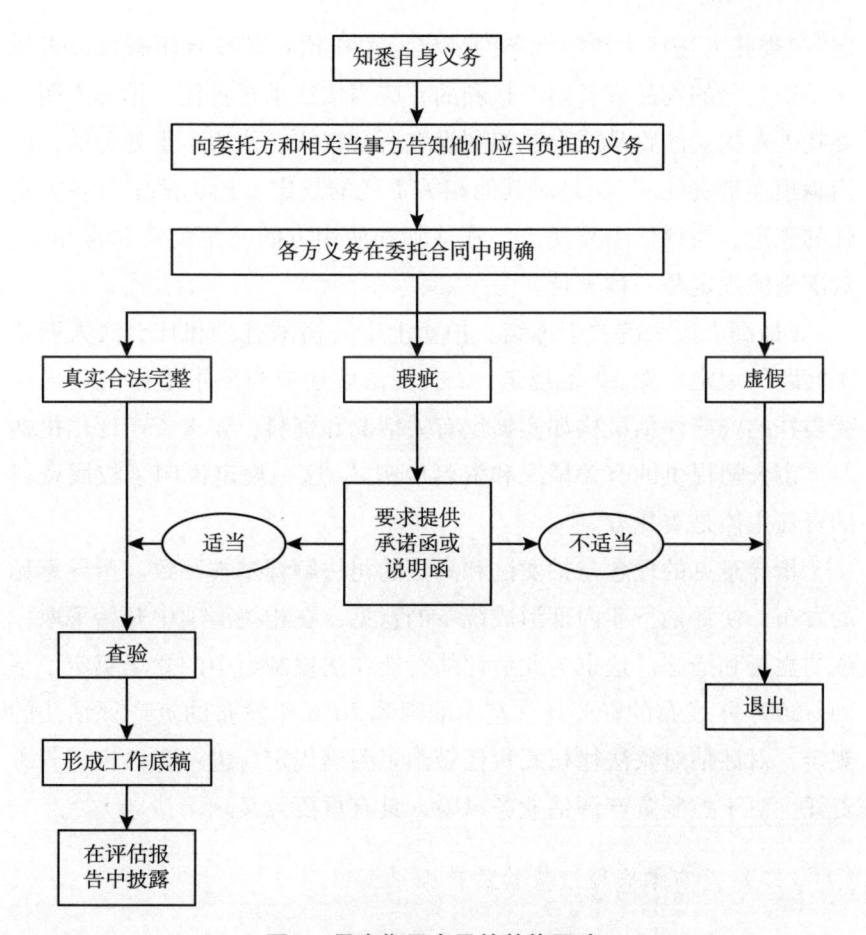

```
                    知悉自身义务
                         │
                         ▼
          向委托方和相关当事方告知他们应当负担的义务
                         │
                         ▼
               各方义务在委托合同中明确
           ┌─────────────┼─────────────┐
           ▼             ▼             ▼
      真实合法完整       瑕疵          虚假
           │             │             │
           │             ▼             │
           │     要求提供承诺函或说明函    │
           │        ┌────┴────┐        │
           ▼        ▼         ▼        ▼
          适当  ◄── ──────── 不适当
           │                           │
           ▼                           ▼
          查验                        退出
           │
           ▼
        形成工作底稿
           │
           ▼
        在评估报告中披露
```

图 1　贯穿指导意见的整体思路

（一）统一了行业态度

制定指导意见时，法律权属界定责任没有专门法律基础，但在高法的司法解释和相关法律中，传送了积极的信息，支持了准则的思路。

《拍卖法》第 6 条规定，"拍卖标的应当是委托人所有或依法可以处分的物品或者财产权利。"《拍卖法》第 18 条规定，"拍卖人有权要求委托人说明拍卖标的的来源和瑕疵。拍卖人应当向竞买人说明标的的瑕疵。"这是对权属责任主体的界定。《拍卖法》第 58 条规定,"委托人违反本法第六条的规定,委托拍卖其没有所有权或者依法不得处分的物品或者财产权利的,应当依法承担责任。拍卖人明知委托人对拍卖的物品或财产权利没有所有权或者依法不得处分的,应当承担连带责任。"这是对其他相关责任的规定。拍卖法中对各方责任的规定,与评估中委托方、评估师和使用方的三角关系非常相似。对准则的规定是一种支持。

《最高人民法院关于冻结、拍卖上市公司国有股和社会法人股若干问题的规定》第10条规定:"人民法院还应当要求上市公司向接受委托的资产评估机构如实提供有关情况和资料,要求资产评估机构对上市公司提供的有关情况和资料保密。"这一规定说明了权属资料的责任主体是委托方。

指导意见的理念与拍卖法和高法的司法解释基本一致。指导意见的发布,使评估行业内部形成统一的意见,在相关事项中开始采取一致的立场和措施。这也为此后评估行业在法规制定中的立场奠定了基础。2004年发布的资产评估基本准则和2016年发布的资产评估法的规定,对评估对象法律权属责任做出了明确规定,进一步界定了各方责任。对于控制资产评估业务风险,具有重要意义。

(二)没有彻底理清查验的范围

查验范围包括查验内容和深度。指导意见对查验的内容做出了明确规定,即查验的是资料。

对评估资料的查验,不能超出评估师的权利范围和责任范围。不同的资料,需要采用不同的方式进行查验,这就涉及查验的深度。但指导意见对查验深度没有做出具体规定。比如,对权属资料的查验,是形式性查验还是实质性查验?如果是实质性查验,是否改变查验的性质,使对资料的查验变成对法律权属的界定。

(三)额外的准则项目

虽然这是一个非常重要的准则项目。但它与资产评估专业技术关系并不密切，在评估准则体系中与其他评估准则项目的关系不密切，在国际协调中与其他国际评估准则的对应关系不密切。因此，从专业理念上看，这是一个额外的准则项目，是中国特定时期的准则项目。随着社会主义市场经济体制逐步完善、随着全面依法治国理念的推进，随着资产评估法律法规的逐步健全，这一准则项目可以完成历史使命。

第四部分

实体类资产评估准则

财富形态与评估准则

无形的生产要素一直是推动人类进步的重要资源。在物质相对匮乏的很长时间内，有形要素在社会生产中发挥着重要作用，甚至决定性作用。随着物质的长期积累、科技的进步和知识在社会生产中发挥越来越重要的作用，人类对生产要素中的无形因素空前关注。无形要素作用的突显，使得人们赋予其更多的价值，也可以说其自身价值随着其作用的发挥逐渐增高。社会财富中无形资产的比例正在迅速增长。

资产评估是价值发现专业服务，对这一现象当然不会无所察觉，也不会置之不理。资产评估专业人员对资产中的无形价值采用多种方式予以发掘，如评估方法中的收益法，如资产类型中的无形资产；等等。评估准则中的无形资产评估准则框架则是评估专业重视无形资产评估的重要体现。

从现状看，国际上几个重要的综合性评估准则体系，无形资产是必备项目。从历史发展看，标杆性的英国评估准则中，自2010年开始，增加了无形资产评估指南，显示了不动产为主的评估专业队伍在新的社会环境中对无形资产评估的关注。

我国资产评估准则体系中对无形资产的重视是无与伦比的。我国的第一个资产评估准则是《资产评估准则——无形资产》(财政部 2001 年发布)。我国现有 27 项资产评估准则中，有 6 项专门的无形资产评估准则，这还没算不动产和实物期权准则。数量说明了一切。这让我们看到了中国评估准则的重点、中国评估行业的眼光、中国社会的财富形态、中国经济的发展阶段。

一、中国无形资产评估准则框架

资产评估准则体系中，无形资产评估准则框架是"1 + 3 + 1 + 1"的结构。1 项无形资产评估准则，3 项细类资产评估指导意见，1 项行为类评估指南，1 项应用类评估指导意见。分别是：《资产评估执业准则——无形资产》《专利资产评估指导意见》《商标资产评估指导意见》《著作权资产评估指导意见》《知识产权资产评估指南》《文化企业无形资产评估指导意见》。

《资产评估执业准则——无形资产》是这个准则框架的统领者。该准则规定了无形资产评估的基本程序、需要考虑的基本因素、需要披露的基本事项。该准则实现了无形资产评估准则框架与整体准则体系的对接。该准则解决了无形资产评估中的评估方法使用、评估假设运用、评估报告披露等关键问题，保证了无形资产评估业务质量。

《专利资产评估指导意见》《商标资产评估指导意见》《著作权资产评估指导意见》是无形资产中细类资产的评估准则，分别从各自角度对影响资产价值的因素进行深入挖掘。是无形资产评估准则在特定资产领域的具体化。

《知识产权资产评估指南》是行为类准则，是针对特定经济行为中的知识产权资产评估行为做出的规定。

《文化企业无形资产评估指导意见》则是以服务于评估报告使用者为主要目的，对特定类型的评估报告使用者的需求予以准则化。该准则的内容既有按资产类型所做的规定,也有按经济行为所做的规定。

框架内各准则项目,从不同角度,对无形资产价值的评估做出规定,有效满足了当前市场中的评估需求。

二、评估准则内容解构

无形资产框架中各项评估准则对无形资产评估中的主要风险点和技术环节做出了规定。

(一)确认了较广泛的无形资产

财富是个宽泛的概念,无形的财富确认为无形资产,需要设定条件。国际国内范围内对无形资产的定义多种多样,不同行业也有各自的定义。

无形资产评估准则中确认的无形资产,是指"特定主体所拥有或者控制的,不具有实物形态,能持续发挥作用且能带来经济利益的资源"。会计准则中则另有一种条件,根据《企业会计准则第6号——无形资产》,"无形资产,是指企业拥有或者控制的没有实物形态的可辨认非货币性资产。无形资产同时满足下列条件的,才能予以确认:(一)与该无形资产有关的经济利益很可能流入企业;(二)该无形资产的成本能够可靠地计量"。"企业自创商誉以及内部产生的品牌、报刊名等,不应确认为无形资产"。

可以看出,资产评估准则和会计准则中的无形资产,有明显差异。(1)评估准则中的无形资产内容较为全面。而会计准则中的无形资产,强调了可辨认、可计量。(2)会计准则中,许多无形资产不在"无形资产"科目中进行会计处理。如商誉,某些文化企业中的著作权在"存货"中反映。(3)有些会计准则确认的无形资产,在评估准则中不在"无形资产评估准则"中规范。如土地使用权的评估,在不动产评估准则中规范。

总体上看，能作为资产评估对象的无形资产是较为宽泛的，只要能带来价值的无形要素，都可以作为无形资产进行评估，评估技术也可以支持。但鉴于评估准则与会计准则相关规定的差异，资产评估的结果，有些难以在会计核算中确认。这就需要评估报告使用人按照评估目的合理使用评估结论。

（二）涵盖了主要的经济行为

无形资产评估准则框架适用于所有经济行为中涉及的无形资产评估，并且对几种主要的经济行为有针对性地做出了规定。

《资产评估执业准则——无形资产》规定，无形资产评估目的一般包括转让、许可使用、出资、拍卖、质押、诉讼、损失赔偿、财务报告、纳税等。

《知识产权资产评估指南》中规定了转让、许可使用、出资、质押、诉讼、财务报告等几种常见经济行为中知识产权资产评估的具体要求。

《文化企业无形资产评估指导意见》中规定，单项资产评估业务中的无形资产评估所涉及的经济行为主要包括质押、出资、转让、许可使用、财务报告、涉税和诉讼等；企业价值评估业务中的无形资产评估所涉及的经济行为主要包括改制、并购重组和清算等。指导意见中对特定评估目的中需要考虑的因素做出了规定。

（三）对技术方法作出规定

资产评估的三种基本方法，都适用于无形资产评估。实践中，由于无形资产价值与其成本的弱对应性，成本法的运用受到诸多限制。由于相同或类似无形资产的市场交易信息获得较难，市场法的运用也并不普遍。因此，收益法成为无形资产评估时的一种主流评估方法。现代运算技术和预测技术的发展，对收益法的运用提供了强大的支持。不过，无形资产评估准则中对评估方法的运用并没有设定优先顺序。评估方法是中性的，如何选择由评估专业人员根据具体情况决定。《资产评估执业准则——无形资产》中规定,注册资产评估师执行无形资产评估业务,应当根据评估目的、评估对象、价值类型、资料收集情况等相关条件,分析收益法、市场法和成本法三种资产评估基本方法的适用性,选择评估方法。

(四)关注配套资产规模对价值的影响

无形资产一般与其他资产共同发挥作用,评估无形资产的价值,应当考虑配套资产的规模。同一种无形资产,在不同规模配套资产情况中,具有不同的市场价值。对此,评估行业是有统一认识的。但至于为什么会有不同的价值,则有两种不同的观点。

一种观点认为,配套资产的规模,实质上是对无形资产所处市场的设定。市场不同,市场价值当然有所差异。这种观点中,大、中、小规模的配套资产,分别形成了大、中、小规模的市场,无形资产进入这些市场,发挥的作用不同,形成的收益不同,体现着不同的市场价值。

另一种观点认为,无形资产评估中,评估对象是无形资产的权利束,不同配套资产情况中,实际上是不同的权利束。也就是说,不同的配套资产规模中,评估对象是不一样的。即使在同一个市场中,由于评估对象不同,体现出的价值也有所差异。

这两种观点都是在探寻无形资产价值的形成机理,角度不同,但都体现了无形资产评估的特殊性。

无形资产评估准则中没有确认哪种观点正确,而是从原则是规定了需要考虑配套资产的规模。《资产评估执业准则——无形资产》规定:"无形资产与其他资产共同发挥作用时,应当分析这些资产对无形资产价值的影响。""执行无形资产评估业务,通常关注宏观经济政策、行业政策、经营条件、生产能力、市场状况等各项因素对无形资产效能发挥的制约,关注其对无形资产价值产生的影响。"

（五）关注商誉评估

商誉评估是资产评估中经常使用的名词之一。但从实践来看，商誉并不是独立的评估对象。商誉通常是企业在同等条件下，能获取高于正常投资报酬率所形成的价值。这是由于企业所处地理位置的优势，或者由于经营效率高、历史悠久、人员素质高等多种原因，与同行业企业相比较，可获得超额利润。20世纪60年代以前所称的无形资产是一个综合体，商誉则是这个综合体的总称。70年代以后，由于确认、计量的需要，无形资产逐渐分解、分化，形成了各种可独立的无形资产。因此，现在所称的商誉，是指企业所有无形资产扣除各单项可辨认无形资产以后的剩余部分。商誉是不可辨认的无形资产。一般来说，商誉具有如下特性：（1）商誉不能离开企业而单独存在，不能与企业可辨认的资产分开出售。（2）商誉是多项因素作用形成的结果，但形成商誉的个别因素，不能以任何方法单独计价。（3）商誉本身不是一项单独的、能产生收益的无形资产，而只是超过企业可辨认的各单项资产价值之和的价值。（4）商誉是企业长期积累起来的一项价值。

商誉作为不可辨认无形资产，是整个无形资产中除了可辨认无形资产以外的部分。我国现行有关制度列示的可辨认无形资产主要有专利权、专有技术、商标权、著作权等。目前在实际操作中，对于诸如客户名单、销售网络等，是单独列示并评估，还是将它们作为商誉进行评估，做法不一。一般情况下，如果进行单项资产的转让或者投资，可以分别就客户名单、销售网络等进行评估，但此时无须评估商誉价值。但如果进行整体评估，从而确定商誉评估值时，商誉评估值中显然包含了客户名单、销售网络等形成因素。在这种情况下，就不应当再单独评估诸如客户名单等的价值。总之，客户名单、销售网络等应当作为形成商誉的因素，只在特殊情况下可以单独评估处理而已。当然，具体操作中，是否应当将无形资产进行分别评估，分离细化到何种程度，需要根据评估目的、经济行为需要、评估资料条件等因素进行综合判断，慎重选择。

（六）对人力资源的确认

人力资源的价值越来越得到重视。新产业和新业态中，人的因素往往更加关键。无形资产评估准则中对人力资源的价值并不排斥。但评估准则中对人力资源价值的认可，设定了严格的范围，并且是从劳动合同角度进行确认。《文化企业无形资产评估指导意见》中规定，"人力资源作为文化企业资源的组成部分，通常纳入商誉范畴进行评估。人力资源在特定情形下也可能表现为经纪服务合同约定的权益。例如，影视企业与著名导演、演员等签署的经纪服务合同，该类合同权益属于可辨认无形资产"。这就回避了目前对明星本人价值的炒作，在合理确认特殊人力资源价值的同时，避免对资产价值和范围的歪曲。

（七）对社会效益的确认

无形资产的价值，在特定领域是要看其社会效益的。例如文化领域，社会效益对无形资产的价值有很大影响。其影响的方式是从其市场前景体现出来的。不符合社会主流意识形态的文化企业无形资产，没有市场发展前途，其经济价值自然受到影响。《关于推动国有文化企业把社会效益放在首位、实现社会效益和经济效益相统一的指导意见》要求，"坚持把社会效益、社会价值放在首位，正确处理文化的意识形态属性与产业属性、文化企业特点和现代企业制度要求的关系，落实加强党的领导与完善公司治理相统一，加强分类指导，创新文化资产组织形式和经营管理模式，建立健全把社会效益放在首位、实现社会效益和经济效益相统一的考核评价标准，加强党委、政府对国有文化企业的领导，统筹制度设计和政策配套，明确'谁主管、谁负责'和属地管理，尊重企业法人主体地位和自主经营权，通过政策引导、依法监管、道德调节、社会责任，把社会效益和经济效益相统一的要求落到实处"。

对社会效益的考虑，资产评估准则做出了相应的规定。《文化企业无形资产评估指导意见》中规定，"资产评估师执行文化企业无形资产评估业务，应当了解文化企业是提供精神产品、传播思想信息、担负文化传承使命的特殊企业，必须始终坚持把社会效益放在首位、实现社会效益和经济效益相统一，应当关注文化企业社会效益对文化企业无形资产价值的影响"。

但鉴于目前的研究深度，对于社会效益的量化还没有具体的技术路线。社会效益对资产价值的影响，间接地在其他技术指标中予以考虑。

三、对无形资产评估准则框架的评价

无形资产评估准则框架的设计，比较充分地体现了市场对评估服务的需求，体现了资产评估行业对经济社会环境的关注，体现了评估准则对社会财富特点的考虑。

（一）开放式

无形资产评估准则框架是一个开放式的框架。随着社会财富的进一步丰富以及计算技术的进一步发展，可以确认和计量的无形资产的范围将更加宽广。随着新产业、新业态的快速出现，来自企业和社会公众对企业和资产价值信息的需求将变得密集而迫切，对其中的无形因素价值的判断需求更高更精准。在这种发展态势中，在《资产评估执业准则——无形资产》的统领下，可以根据需要进一步丰富无形资产评估准则各项目现有内容，也可以继续从评估目的、评估报告使用角度设计新的准则项目。

（二）国际领先

我国资产评估行业对无形资产评估的重视，在评估准则中体现得非常充分。从第一个评估准则项目，到今天的6项准则，我国资产评

估行业在无形资产评估准则建设方面取得丰硕成果。这些成果已经在国际上处于绝对领先的地位。目前，国际上主要评估准则体系中，没有我们在无形资产评估方面做得细致。国际评估准则中只有《无形资产评估准则》，没有细类无形资产的评估准则项目。美国评估准则中，只在企业价值评估准则中同时规定了无形资产评估的要求。英国评估准则中，只有一项无形资产评估指南，而且是参考性的。我国资产评估准则中的无形资产评估准则框架，已经且仍将处于国际领先地位。

（三）不足

无形资产评估准则框架的成果和作用是明显的，在规范和指导相关评估业务方面，唯恐不足，不惧繁琐。这种方式为短期内规范我国刚刚起步的无形资产评估业务，提升我国无形资产评估整体业务质量发挥了重要作用。但这种模式也有其不足。一是准则项目间内容重复较多。例如，细类无形资产评估准则相互之间，以及与无形资产评估准则之间，在基本要求内容方面存在较多重复。《知识产权资产评估指南》和《文化企业无形资产评估指导意见》是分别从经济行为和评估报告使用角度对无形资产评估作出规定，也不可避免与无形资产评估准则和细类资产评估准则存在重复。虽然这些重复已经降至尽可能低的程度，但仍然是一个不可回避的问题。二是对评估准则体系的整体框架产生不利影响。资产评估准则体系各层次具有较清晰的分工，各自承担不同的功能。但无形资产评估准则框架自成体系的同时，在向资产评估准则整体框架中镶嵌时，产生了不协调。例如，在指导意见层次中，产生了不同的角度的准则项目。在指南层次中，评估准则名称对经济行为的体现不充分。

财务报告目的评估准则

财务报告目的评估业务在国际上是发展较早也比较普遍的评估业务。围绕此类评估业务的开展，国际范围内的评估准则建设也取得重大成果。我国的财务报告目的评估业务源自会计准则对公允价值的引入。2006年，我国新发布的会计准则引入了公允价值的概念和计量模式，财务报告目的评估业务在我国具有了实践空间。

一、财务报告目的评估业务的概况

财务报告目的评估业务主要有两种形式。一是在编制财务报告过程中，由评估专业人员为企业提供资产的公允价值意见。二是在财务报告审计过程中，审计师利用专家工作，由评估专业人员为企业的审计师提供公允价值意见。财务报告目的评估业务在我国资产评估执业环境中有两个特征。

（一）财务报告目的评估业务并非刚性需求

会计准则要求在公允价值计量模式下列报资产的公允价值，但是会计准则中并没有明确由第三方专业机构提供公允价值意见。在条件允许的情况下,资产的公允价值完全可以由企业自己的财务人员完成。审计准则中也没有要求审计师在利用专家工作时必须聘请评估专业人员提供公允价值意见。胜任能力允许的情况下,审计师可以独自完成公允价值审计工作,不需要利用专家工作。因此,财务报告目的评估业务在我国并非刚性需求。

虽然我国资产评估行业积极支持公允价值计量模式的引入,在会计准则制定过程中积极建言献策。但是,目前我国会计准则中仍然没有把评估师等第三方专业机构的参与作为强制规定。财务报告目的评估业务在我国仍然是一种或有评估业务。

(二)财务报告目的评估业务并非评估行业专属业务

既然会计准则没有规定第三方机构的参与,此类业务的提供方也没有身份限制。在企业或审计师产生业务需求时,评估专业人员、财务咨询人员、审计人员等都可以提供公允价值意见,只要委托方认为提供方具有专业胜任能力。

国际上普遍的做法,在考虑独立性基础上,由评估师或会计师事务所中的审计团队以外的团队为企业或审计师提供公允价值意见。以德勤为例,他们的财务报告目的评估业务由咨询团队承担。

我国资产评估行业积极展示专业实力,起步早,用功多,将财务报告目的评估业务作为一种分内之事予以研究、开发和整固。资产评估行业在企业财务报告目的评估业务中占有较大份额。

二、国际评估准则的态度

20世纪90年代后期,新一轮财务报告准则变动以及发展全球性财务语言的趋势形成后,围绕公允价值计量的相关问题,以国际评估准则理事会为代表的国际评估界积极与包括国际会计准则委员会在内的会计界进行协调,就评估界在参与确定公允价值、提高财务报告质量方面如何发挥作用进行沟通。这些沟通增进了会计界对评估界的了解，对在会计准则中确立评估行业的作用起到了积极的促进作用。这些沟通也促进了国际评估准则的综合化发展和质量的提高，促进了世界范围内统一评估准则的发展进程。在与会计界进行沟通合作的过程中，国际评估准则得到了很好的发展。从国际评估准则的演进历程来看，国际评估准则受国际会计准则的影响较大。国际评估准则委员会在制定的国际评估准则中，对国际会计准则的变动，特别是公允价值的引入做出了及时的反映，相关内容作了实质性调整。

2005年2月，国际评估准则委员会出版了第七版国际评估准则。与上一版本相比，第七版国际评估准则的一项重要变动就是适应2004年国际会计准则的修订，对国际评估应用指南1（以财务报告为目的的评估）和评估指南8（以财务报告为目的的评估业务中的成本法）做出了修订。2007年7月，国际评估准则委员会出版了第八版国际评估准则，前述相关部分与第七版内容基本相近；同时，发布了《以财务报告为目的的无形资产评估指南》讨论文件。2011版和2013版国际评估准则对准则结构进行了大幅调整和精简，但仍然保留了《以财务报告为目的的评估指南》。2017版国际评估准则对准则结构再次进行大幅调整，突出的准则的基础性和原则性，不再保留指南类项目。因此，2017版国际评估准则中未包括财务报告目的准则项目。但在价值类型相关内容和开发性不动产等准则项目中，对财务报告目的评估中的价值类型进行了考虑。

三、我国的财务报告目的评估准则

借鉴国际上的做法，同时结合我国实际情况，我国资产评估行业在评估准则体系中设计了财务报告目的评估准则框架，并于2008年发布了《以财务报告为目的的评估指南（试行）》（以下简称《指南》），对财务报告目的评估业务的基本要求、基本程序、重要业务内容做出了规定。

投资性房地产是现代社会经济中的重要资产，是企业资产的重要组成部分。投资性房地产评估也是以财务报告为目的的资产评估的重要组成部分，是随着新会计准则的发布和公允价值计量模式的采用发展起来的新兴资产评估行为。2010年，正逢中国房地产成长较快时期，投资性房地产成为部分上市公司重要的资产。一些上市公司在投资性房地产项目上采用公允价值计量模式。投资性房地产价值的变动，较大程度影响着上市公司股价。为服务证券市场监管和公允价值计量，中评协于2010年发布了《投资性房地产评估指导意见（试行）》。《投资性房地产评估指导意见（试行）》对采用公允价值计量模式的企业的投资性房地产公允价值评估做出了针对性的规定。2017年，中国资产评估协会对两项准则进行了修订。

四、财务报告目的评估准则内容解构

财务报告目的评估业务与其他以交易为目的的评估业务在评估技术操作、评估报告使用的诸多方面存在较大差异，准则制定时资产评估行业尚未积累丰富的执业经验。因此，财务报告目的评估准则与准则体系中其他实体类准则相比，有较强的特性。

（一）明确了财务报告目的评估服务领域

《指南》明确了评估师在财务报告目的业务领域的服务内容。既包括评估师对财务报告中各类资产和负债的公允价值或特定价值进行分析、估算，也包括评估师参照本指南开展与价值估算相关的议定程序等相关业务。这一规定为评估师指明了服务方向，有助于引导评估师开发财务报告目的评估业务。

（二）关于以财务报告为目的评估对象的规定

《指南》明确了以财务报告为目的的评估业务中，根据项目具体情况、会计准则和委托方的要求，评估对象可以是各类单项资产、负

债，也可以是资产组或资产组组合。针对以财务报告为目的评估服务的主要领域，《指南》重点明确了在企业合并、资产减值、投资性房地产和金融工具领域的评估对象以及需要在评估过程中重点关注的事项。评估对象的有关规定，有别于传统上资产评估对评估对象的划分，突出了以财务报告为目的评估服务的特殊性。

（三）关于评估价值类型与会计计量属性衔接的规定

《指南》规定"在符合会计准则计量属性规定的条件时，会计准则下的公允价值一般等同于评估准则下的市场价值；会计准则涉及的重置成本或净重置成本、可变现净值或公允价值减去处置费用的净额、现值或资产预计未来现金流量的现值等计量属性可以理解为相对应的评估价值类型。"该规定成为联结评估价值类型定义与会计计量属性的重要桥梁，将评估的价值类型与会计计量属性进行了衔接，将会计计量属性中的特殊规定，直接作为评估的价值类型，避免了相关定义上的分歧，保持了理解上的一致性，能够更为有效地服务于会计计量的特定需求。

但此项评估准则中的规定只是权宜之计。这种做法没有严格区分资产评估价值类型和会计计量属性。这种情况在国际上也是如此。这种局面的形成，与国际范围内财务报告目的评估业务服务提供者身份多样有关。国际上许多财务报告目的评估业务由会计师提供。而我国的资产评估行业与会计、审计行业有清晰的界限，各自有完整的业务标准和理论支撑。在我国，完全有专业基础对价值类型和会计计量属性做出清晰的界定。很遗憾，目前评估准则中还没有解决这个问题。好在没有影响会计计量对评估服务的使用。

（四）关于以财务报告为目的评估方法的特殊要求

《指南》相对于传统的资产评估方法应用，在评估方法的选择、评估数据及层级、相关的考虑因素和不同方法最终结论的确定等方面突出了以财务报告为目的评估的特点。一是强调评估数据要符合会计准则中对不同数据层级所做出的相关要求，强调了评估数据来源的重要性和对评估方法选择的影响。二是对不同计量属性使用的评估方法做出区分。三是倾向于市场法和收益法是适宜方法，对成本法的使用做出限制。四是修订后的指南中，不再强调多种评估方法的运用，这也是为了体现咨询业务性质。

(五) 关于投资性房地产的定义

《投资性房地产评估指导意见》(以下简称《指导意见》) 发布时，正值国内房地产调控政策趋紧。新闻界闻听后非常兴奋，但在了解准则的具体指向后，便恢复冷静，因为此房地产非彼房地产。投资性房地产是《指导意见》所涉及的重要定义之一，有别于一般的不动产。《指导意见》中的投资性房地产除了强调其实物、权益、区位等属性外，还十分注意与《企业会计准则第3号——投资性房地产》及应用指南中的相关定义的衔接。对投资性房地产评估进行定义对于明确执业行为具有重要意义。投资性房地产评估体现了"以财务报告为目的的评估"，由于以财务报告为目的的评估是基于企业会计准则或相关会计核算、披露的要求，因此，在遵循评估准则的基础上，还要参照相关会计准则的规定，以满足会计信息的需要。

五、对准则框架的评价

财务报告目的评估准则的研究和起草，起步于我国公允价值计量模式引入之初，目标很高远。但现实会计准则和市场的发展与最初的设想有所差异。尽管如此，财务报告目的评估准则的制定，为资产评估行业服务于会计计量发挥了重要的推动作用。

(一) 为资产评估行业开拓了重要的服务领域

资产评估行业市场开拓方式之一就是制定服务于该市场的评估准则。发布准则的方式，一方面可以唤起评估机构对市场中业务空间的关注、探索。另一方面可以提供基础的技术支持，方便行业快速形成一定规模的服务供给，还有一方面是向潜在的服务使用者宣示一种服务能力，引发对资产评估服务的需求。财务报告目的评估准则达到了这一目的。

财务报告目的评估指南发布时，对此类业务寄予较高期望，希望将其发展了资产评估行业的专属业务。例如，《指南》中规定，"执行财务报告目的评估业务，应当具有财政部门颁发的资产评估执业资格"。这条规定在修订时已经删除，但以准则引导市场的意图已经较为明显。从实践效果看，指南的发布，为提示评估行业拓展财务报告目的评估业务、为企业寻找资产评估行业专业力量开展公允价值计量发挥了重要作用。

（二）准则框架需要加强

财务报告目的评估准则框架中规划了多个准则项目，除《以财务报告为目的的评估指南（试行）》《投资性房地产评估指导意见（试行）》外，还有减值测试、合并对价分摊等评估准则项目。但目前只发布了两项评估准则，其他项目还在研究中。我国越来越多的上市公司正在采用公允价值计量模式，此计量模式一旦采用就是不可逆的。在我国企业走出去步伐加快，国际接轨的情况下，公允价值计量需求也随之增长。企业并购重组业务也呈快速增长态势。这些情况都对公允价值评估业务产生新的需求。相应地，需要建立一套较完备的财务报告目的评估准则框架，服务评估实践。

（三）与会计准则协调

财务报告目的评估业务的空间，来自会计准则的规定，所以，会计准则的变化，对财务报告目的评估业务有直接的影响，因此，评估准则需要关注会计准则的变化，及时做出反应。

企业价值评估中的单项资产评估

实体类评估准则中，既有单项资产评估准则，也有企业这种由多种资产组成的"集合类"资产评估准则。企业价值评估中，单项资产的价值如何评估，是需要考虑的重要事项。评估准则中也需要处理好企业价值评估准则与单项资产评估准则的关系。

一、现有准则的规定

评估准则现有规定中，没有对企业价值评估中单项资产评估做出详细的规定。

（一）企业价值评估准则中只对单项资产评估做出原则性规定

企业价值评估准则中，涉及单项资产评估的规定有两类。

一类是收益和市场法中的非经营性资产和溢余资产评估的规定。《资产评估执业准则——企业价值》中规定，运用收益法和市场法进行企业价值评估，应当与委托方和相关当事方进行沟通，了解企业资产配置和使用的情况，谨慎识别非经营性资产、负债和溢余资产，确定是否单独评估。除非经营性资产和溢余资产外，收益法和市场法中对企业组成资产的形态不再关注。

另一类是资产基础法中的规定。《资产评估执业准则——企业价值》规定，应当根据会计政策、企业经营等情况，对被评估企业资产负债表表内及表外的各项资产、负债进行识别。比较有特点的规定就是提醒评估师，资产基础法中单项资产评估按其对企业价值的贡献评估。"在对持续经营前提下的企业价值进行评估时，单项资产或者资产组合作为企业资产的组成部分，其价值通常受其对企业贡献程度的影响"。

国际评估准则中，其企业价值评估准则也没有对单项资产评估做过多规定，只是提示考虑非经营性资产、考虑资本结构。

（二）单项资产评估准则中较少对企业价值中的单项资产评估做出规定

其他单项资产评估准则中，只有《资产评估执业准则——不动产》中有专门一章对企业价值评估中的不动产评估做出了规定。其他资产类准则中则没有专门对企业价值评估中该资产的评估做出规定。

二、单项资产类评估准则与企业价值评估准则的关系

资产评估准则建设是在准则体系的统一规划中进行的。各评估准则项目相互配合，共同发挥作用。单项资产类评估准则与企业价值评估准则具有内存的关联。

（一）单项资产评估准则适用于所有情况的评估

从资产评估准则体系整体构建思路来分析，单项资产类评估准则没有过多考虑该资产与其他资产的关系。少数需要特别考虑与其他资产关系的情况，已在评估准则中做出规定。如机器设备评估中，有些机器设备与其他构筑物不可分离，评估时需要考虑构筑物相关准则的

要求。

在评估准则体系的这一思路下,单项资产评估准则适用于所有评估目的、所有功能环境中该单项资产的评估。

(二)单项资产评估准则不必对企业价值评估中的单项资产评估做出规定

单项资产评估准则,注重的是如何合理地发现和报告该单项资产的价值。评估准则中应当以价值影响因素、独特的评估程序、恰当的评估方法、适当的信息披露为主要内容。企业价值评估中的单项资产评估,对于单项资产评估而言,只是特例,不一定需要单独做出规定。

不同的单项资产,在企业价值评估环境中需要考虑的差别性是相同的。因此,各单项资产评估准则中如果分别对企业价值评估中的单项资产评估做出规定,必然会造成过多重复。

对于《资产评估准则——不动产》的这种安排,看似不协调,但正是这种安排,使得不动产评估准则与其他国家标准相比,具有很显明的综合业务准则特点,也使不动产评估准则的发布具有很强的必要性。

三、对目前评估准则内容的建议

为更加合理地处理评估准则体系中各评估准则项目的关系,对于企业价值评估中的单项资产评估的要求,可以集中在《资产评估执业准则——企业价值》中做出规定。各单项资产评估准则中不再各自提出要求。

这就需要进一步充实企业价值评估准则中资产基础法的相关内容。其实,从实践中的遇到的问题也可以看出,目前执业界对企业价值评估中的单项资产评估仍然有许多模糊认识。例如,价值类型是评估对象的价值类型,企业价值评估中各单项资产的评估是不需要选择价值类型的；评估方法的选择是相对评估对象而言的，企业价值评估中单项资产的评估，可以在企业价值整体评估方法确定后，采用不同于整体评估方法的具体评估方法；企业价值评估中的单项资产评估，有的单项资产评估选择的是市场法，有的单项资产评估选择的是收益法，有的选择成本法，不同的具体评估方法的结果，可以合并为企业价值，这是在各单项资产为企业价值做出贡献的基础上实现的；企业价值评估中的单项资产的识别，需要在对会计科目适当重新分类的基础上实现；等等。企业价值评估准则中可以在资产基础法部分对这些内容做出进一步的规定，增强准则操作性。

为金融改革出一份力

2005年，刚刚起步的中国资产评估准则建设取得一项新的成果，发布了《金融不良资产评估指导意见（试行）》。该指导意见以其诸多创新，确立了其在资产评估准则体系中的特殊地位。

一、准则制定背景分析

1997年发生的东南亚金融危机波及中国经济，给我国银行业带来极大风险。同时，我国的金融体制中，银行等金融业长期以来是国有的，企业也是国有的，由此造成金融风险管理边界不清晰，影响管制效果。随着我国金融体制改革的不断深化，历史形成的不良资产问题日益突出。1999年，中国设立四家资产管理公司，任务目标是化解金融风险，接收商业银行不良贷款，处置金融不良资产，回收变现，帮助国有企业脱困、债转股、了断债务。

不良资产属于国有资产，处置时还要遵守相关规定，因此评估师的参与是必需的程序。以前的规章、文件、准则等主要针对正常经营活动中的资产评估，对不良资产的特殊性考虑不足、针对性不强，因此，在四大管理公司的密切参与下，为服务集中出现的不良资产处置业务，有了这个指导意见。

金融不良资产的特殊性决定了金融不良资产评估业务的复杂性，对此类评估业务的规范是我国评估行业的新课题。由于金融体制的不同，金融不良资产评估业务在其他国家和国际上都没有得到系统发展，没有现成的研究成果或经验可以借鉴，这也增加了规范金融不良资产评估业务的难度。

好在指导意见的制定具有一定的基础。一是四大资产管理公司的丰富实践提供了支持。华融、长城、东方、信达资产管理公司作为评估服务委托方和评估报告使用者，为金融不良资产评估工作积累了宝贵的经验。经过多年的实践，资产管理公司对评估专业服务有了更加深刻而准确的认识，从早期"简单委托、被动使用"开始转向重视充分发挥评估专业服务的合理作用。评估行业与资产管理公司的合理互动开始形成。这些实践有力地支持了指导意见的出台。二是评估准则制定和评估理论研究为指导意见的出台提供了理论基础。有关评估的基本理论、概念进行了深入研究和讨论，特别是在评估专业服务的定性、价值类型理论、评估报告改革等方面形成了大量研究成果，带动理论界和实务界的认识不断提高。2004年财政部发布的两个基本准则吸收了许多研究成果，在一些重要领域做出了前瞻性的规定，为价值类型、评估业务类型和如何认识评估服务等在金融不良资产评估中的应用做好了理论和舆论方面的准备。三是政府部门和市场监管主体以及投资者迫切需要规范金融不良资产评估。由于金融不良资产评估的特殊性和金融不良资产处置市场的不成熟，金融不良资产评估实践中存在的一些问题，既有评估机构和注册资产评估师在评估理念和评估技术上的问题，也有委托方和其他报告使用者不当使用评估报告的问题。有些问题相当严重，造成了较坏的社会影响，引起了社会公众广泛关注。政府部门、市场监管主体和相关投资者从不同角度都提出对金融不良资产评估进行规范的迫切要求。

二、准则内容研究

指导意见对金融不良资产评估业务中的主要事项和操作要求做出了规定。

（一）金融不良资产的定义

指导意见规范的是金融不良资产的评估，不涉及非金融企业正常经营活动过程中形成的债权债务关系。虽然指导意见主要规范的是资产管理公司处置金融不良资产过程中的评估行为，但银行和非银行金融机构持有的金融不良资产也具有很大的相似性。因此指导意见从评估行业角度对金融不良资产进行了定义，其外延包括银行持有的次级、可疑及损失类贷款，金融资产管理公司收购或接管的金融不良债权，以及其他非银行金融机构持有的不良债权。

金融不良资产的定义决定了评估对象的界定。金融不良资产评估中，评估对象的确定很难把握。金融不良资产的表现形式比较复杂，有些是信用债权，有些是有对应资产的担保债权，有些是从其他持有者手中接管或收购的实物资产、股权资产或其他资产。复杂的表现形式使得注册资产评估师明确评估对象时面临许多问题，在很多场合下评估机构和资产管理公司很难就评估对象达成明晰共识：即评估的到底是债权还是相关债权所对应的资产？实务中各资产管理公司和评估机构的做法不尽相同，如有对应资产的债权资产和无对应资产的债权资产评估时是否有区别，评估有对应资产的债权资产时是否需要评估对应的资产等。根据定义，金融不良资产主要指债权资产，但是债权资产对应的资产对于确定债权资产价值往往至关重要，甚至在一定场合下是委托方最关心的。指导意见在给金融不良资产下定义的基础之上，单设一章，将金融不良资产评估业务的评估对象分为两大类：一类是债权资产。另一类是用以实现债权清偿权利的实物类资产、股权类资产和其他资产。并提醒评估师明确评估对象，关注评估对象具体形态，充分考虑评估对象特点对评估业务的影响。

（二）执业责任

指导意见中包括了许多明确执业责任的内容，如提醒委托方正确认识评估结论与价值分析结论的区别，合理判断结论使用期，与处置价格的关系。促进委托方理性使用评估报告，双方的责任和义务。这与委托的特殊性质有关。

（三）价值类型

指导意见对评估准则的重大贡献之一就是首次定义了常用价值类型。虽然修订后的指导意见中删除了价值类型定义，但其贡献不能抹杀。根据我国资产评估准则建设的整体规划，促进评估理论与价值类型的结合是一项重要内容。资产评估基本准则已要求评估师在业务中明确价值类型并进行定义。当时由于没有发布相应价值类型准则项目，实践中评估机构对价值类型不能准确把握，没有能力对价值类型进行定义或根本就不进行定义。指导意见对金融不良资产处置中常用的市场价值、清算价值、投资价值和残余价值等价值类型进行分析，给出了这些价值类型的定义，有利于澄清目前行业内存在的对价值类型理论的模糊认识，引导评估师正确确定专业意见的价值类型，也有利于报告使用者合理使用专业意见。对价值类型进行定义是基本准则正式提出价值类型概念后，我国评估界对价值类型定义的第一次正式尝试。准则中的价值类型相关规定，仅适用于金融不良资产评估。

（四）评估业务类型划分

金融不良资产评估分为两种业务，即价值评估业务和价值分析业务。两种业务的前提不同，其中，评估业务是默认的。评估师通常应当考虑对不良资产执行以不良资产处置为目的的评估业务。如果在业务准备阶段或执行评估业务过程中受到限制，无法履行必要的评估程序，可与委托方协商执行价值分析业务。

由于价值分析业务是在受到限制的情况下执行的业务，且实践经验少，所以执行中可能会遇到较大困难。如何把握程序执行的力度、范围，需要评估师具有较高的专业判断水平。因此，指导意见特别要求评估师执行价值分析业务时，审慎考虑自身的专业胜任能力，分析是否有能力发表相应的专业意见。

（五）价值分析意见的区间表现形式

实践中，评估师专业意见的形式通常是具体数值，但在评估行业历史较长的其他国家，以区间值形式表示专业意见也是一种行业惯例，特别是在进行企业价值评估和其他非实物性资产评估时，区间形式的评估结论往往更具合理性。考虑到债权资产的价值分析业务较为复杂，很多是定性分析，对债权资产价值进行量化难度较大，某些情况下以区间值形式表示价值分析结论更为科学、合理，更能向委托方传递债权资产的相关信息。指导意见规定，债权资产价值分析结论可以是区间值，评估师应当确信区间的合理性。这一规定不但有利于评估师合理发表专业意见，也有利于报告使用者正确认识专业意见的参考意义。这是指导意见在评估理论和实践方面的又一重大突破，符合评估行业发展的方向，也体现了评估行业为委托方服务的专业精神和严谨的科学态度。

（六）相关术语并列关系

相关术语并列关系如表 1 所示。

表1　　　　　　　　　　相关术语并列关系

序号	价值评估类概念	价值分析类概念	统称
1	价值评估业务	价值分析业务	金融不良资产评估业务
2	用以实现债权清偿权利的实物类资产、股权类资产和其他资产	债权类资产	金融不良资产
3	评估结论	价值分析结论	评估结论
4	评估对象	价值分析对象	评估对象
5	评估报告	价值分析报告	无
6	评估方法	价值分析方法	无

三、对准则的评价

指导意见是评估行业服务市场需求的重要标志性准则项目，对于当时四大资产管理公司顺利处置金融不良资产起到了重要的技术支持作用。四大资产管理公司在准则制定过程中的全程参与，也开辟了评估报告使用者参与评估准则制定的先河，其经验弥足珍贵。评估准则中的价值类型、区间值、业务分类等许多"首次"，是对评估理论、评估准则和评估实践的巨大贡献。当前，金融市场风险管理仍然是重要的主题，金融不良资产评估指导意见仍然有较强的实践意义。

关注实物期权　深度挖掘价值

制定《实物期权评估指导意见》，主要有两个原因：第一个原因是业务需要。新产业、新业态的大量快速出现，给评估行业带来极大挑战。处于这种背景中企业的价值与有形资产的关系不大，与目前业务的未来收益关系也不大。其价值更多地体现在作为一个发展基础或平台，蕴涵着丰富的未来发展机会和巨大的发展空间。对于这类企业及其有关资产的价值评估，传统的收益法和成本法较难奏效；而应用市场法又缺少类似的可比公司或可比资产，也难以得到可靠的评估结论。传统的评估方法在发现企业价值方面，越来越难如人意。一些存在经营扩张计划的传统企业，也可以考虑其扩张计划的实物期权价值。第二个原因是技术允许。国际上对于期权的研究，在解决这些评估问题方面，提供了可能性。国内外都有应用布莱克—舒尔斯模型和二项树模型评估实物期权价值的先例。国内外评估界掌握实物期权概念和期权定价方法的业内人士也越来越多。因此，制定实物期权评估准则，指导评估实践，已水到渠成。

一、期权是工具还是资产的争议

期权定价模型是一种技术，计算的是期权价值。评估准则中将实物期权按资产进行处理，是为了充分挖掘资产价值。《实物期权评估指导意见》中规定："本指导意见所称实物期权，是指附着于企业整体资产或者单项资产上的非人为设计的选择权，即指现实中存在的发展或者增长机会、收缩或者退出机会等。相应企业或者资产的实际控制人在未来可以执行这种选择权，并且预期通过执行这种选择权能带来经济利益"。这是指导意见对实物期权内涵的限定。

二、不必然要求评估

不是所有评估业务中都需要考虑实物期权评估。有些评估业务中可能没有期权因素，因此就不会有实物期权评估。有些评估业务中，评估对象附带期权，此时可评估也可不评估。企业整体资产或者单项资产可能会附带一种或者多种实物期权。当资产中附带的实物期权经初步判断其价值可以忽视时，可以不评估该实物期权的价值。需要评估实物期权时，应当在资产评估委托合同中予以明确。指导意见中的这些规定为实物期权评估设定了较为严格的条件。

三、评估对象

实物期权是一种复杂的资产形式。当前对实物期权的分类有多种标准。指导意见中为方便操作，只规定对增长期权和退出期权进行评估。增长期权是指在现有基础上增加投资或者资产，从而可以扩大业务规模或者扩展经营范围的期权。退出期权是指在前景不好的情况下，可以按照合理价格部分或者全部变现资产，或者低成本地改变资产用途，从而收缩业务规模或者范围以至退出经营的期权。

四、四个步骤

指导意见规定了实物期权评估的四个步骤，即识别期权、判断条件、估计参数、估算价值。其中，识别期权是评估实物期权的第一步，也是评估实物期权的前提。只有识别出实物期权才能评估其价值。判断条件是指根据已经掌握和可能掌握的资料和数据，判断是否具备评估实物期权价值的条件。如果判断具备评估实物期权价值的条件，则可进行评估的后续步骤。在判断具备评估实物期权价值的条件时，应进一步估计实物期权评估的有关参数。估计出有关参数后，就可进一步选择和应用期权定价模型评估相应实物期权的价值。

五、对准则的评价

指导意见为资产评估专业人员充分挖掘资产价值提供了可以考虑的角度，无论实践中应用状况如何，指导意见的发布是对资产评估思路的开拓。

但是，由于理论基础和实践水平的限制，指导意见中对实物期权的范围限定较窄，相关操作规定仍然相对原则，操作性需要进一步提升。

森林资源资产评估技术框架

森林资源资产评估是资产评估行业的重要业务领域，也是开发较早的资源类资产评估领域。原国家国有资产管理局和原林业部早在 1995 年就开始对森林资源资产评估进行联合管理。近年来，财政部和国家林业局也在森林资源资产评估的项目管理、技术管理和人员管理方面做了大量探索性工作，在技术规范方面形成了《资产评估准则——森林资源资产》等重要成果。

一、准则制定背景分析

（一）管理背景

森林资源资产评估的业务和技术管理长期由国家林业行政管理部门参与。1995 年，原林业部和原国家国有资产管理局发布《关于〈森林资源资产产权变动有关问题的规范意见（试行）〉的通知》。1997 年，原林业部和原国家国有资产管理局发布《关于加强森林资源资产评估管理工作若干问题的通知》。两项文件确立了森林资源资产评估的执业主体、项目管理、执业标准。2006年，财政部和国家林业局发布《森林资源资产评估管理暂行规定》，进一步明确了森林资源资产评估的范围，在非国有林评估中将评估机构扩大到森林资源调查规划设计、林业科研教学等单位，将评估人员扩大到双方认可的咨询人员。

（二）技术背景

1996年，国家国有资产管理局和林业部发布《森林资源资产评估技术规范（试行）》。多年来，《森林资源资产评估技术规范（试行）》等文件在规范森林资源资产评估操作方面发挥了极其重要的作用。2003年9月《中共中央、国务院关于加快林业发展的决定》明确提出"深化林业体制改革，增强林业发展活力"与"加强政策扶持，保障林业长期稳定发展"后，大大促进了我国林业产权制度改革的发展，涉及森林资源资产评估的经济行为日益活跃，原有的森林资产评估管理和操作模式已不能满足林业、市场与社会形势发展的需要。

2006年12月，财政部和国家林业局发布了《森林资源资产评估管理暂行规定》，提出了森林资源资产评估的具体操作程序和方法遵照资产评估准则及相关技术规范要求执行。

二、森林资源资产评估准则的任务

森林资源资产评估管理和技术要求的提升，对森林资源资产评估准则的制定提出了更高要求。为规范森林资源资产评估业务行为，中评协在继续完善资产评估准则体系的同时，在财政部和国家林业局指导下，研究制定了《资产评估准则——森林资源资产》（以下简称《准则》），于2013年发布了《准则》完成了新形势下森林资源资产的几项任务。

1.《准则》要在现有准则体系整体框架中，对森林资源资产评估提供操作指导。森林资源资产评估技术规范中，森林资源资产评估准则不是单打独斗。评估准则体系中的其他准则，特别是基本准则和程序类准则，都适用于森林资源资产评估。森林资源资产评估准则是结合森林资源资产评估的特点做出的具体规定。

2. 《准则》要进一步对《森林资源资产评估技术规范（试行）》做出提升，加强森林资源资产评估技术与现有准则规范的对接。《森林资源资产评估技术规范（试行）》发布时间较早，当时的资产评估执业规范体系尚未完善。森林资源资产评估准则制定时，森林资源资产评估技术已有较大发展，资产评估准则体系已经较为完善。制定森林资源资产评估准则，需要对《森林资源资产评估技术规范（试行）》相关规定做出提升。

3. 准则要适应现有森林资源资产评估管理框架。森林资源资产评估评估由财政部和国家林业局共同进行管理。国家林业局对森林资源资产实物量的调查具有严格的系统性规定，森林资源资产评估中可以加强对接。准则也需要适当考虑评估专业人员、森林调查专业人员的业务合作。

三、《准则》的几个重要内容

森林资源资产评估准则在遵循资产评估准则基本专业思路的同时，考虑了林业资产管理体制和人员管理体制的相关规定。

（一）森林资源资产定义

不是所有森林资源都是资产评估业务中作为评估对象的森林资源资产。《准则》第2条规定，本准则所称森林资源资产，是指由特定主体拥有或者控制并能带来经济利益的，用于生产、提供商品和生态服务的森林资源，包括森林、林木、林地、森林景观等。从这个定义可以看出，森林资源资产是由特定主体所拥有或控制的森林资源，需要有明确的产权主体；森林资源资产必须能够带来经济利益，这是与资产评估的性质相关的，资产评估是为了发现经济价值，不能带来经济利益的经济资源，难以作为资产进行评估。森林资源资产的范围中，还需要考虑其无形资产因素。准则中规定，执行涉及生态公益林等特殊用途的森林资源资产评估业务，除评估其经济价值外，还应当结合评估目的考虑是否评估其生态服务价值。

（二）关于实物量的信息

资产评估中，提供评估对象的相关资料，并保证资料的真实、完整、合法，是委托方的责任。森林资源资产评估中，提供森林资源实物量信息，并保证这些信息的真实、完整、合法，应当由委托方完成。根据资产评估程序，评估专业人员需要做的，是对这些实物量信息进行核查。

《准则》规定，评估人员执行森林资源资产评估业务，应当要求委托方或相关当事方提供森林资源资产实物量清单。这个清单应当是专门为本次资产评估业务所提供的。本清单中的实物量，可以来自林业调查数据，但应当根据实际情况进行适当调整。

（三）关于森林资源资产的核查

森林资源资产数量和质量的准确与否直接影响了评估结论的可靠性。从资产评估业务胜任能力角度，评估专业人员在承接森林资源资产评估业务时，一定要分析自身专业胜任能力。准则规定，执行森林资源资产评估业务，应当具备从事森林资源资产评估的专业胜任能力。在具备基本胜任能力的基础上，森林资源资产实物量的核查是可以由评估专业人员实施的。评估专业人员也是有能力实施的。

当然，森林资源资产评估中，实物量核查是难点。由于森林资源资产的特点，森林资源资产的核查具有工作量大，工作条件艰苦，专业技术水平要求较高等特点，为保证核查程序的质量，"准则"规定，资产评估专业人员在进行森林资源资产价值评定估算前，可以委托相关专业机构对委托人或者相关当事人提供的森林资源资产实物量清单进行现场核查，由核查机构出具核查报告，适度减轻评估的工作量和风险。准则中规定，核查的责任主体是评估专业人员。

（四）关于与《森林资源资产评估技术规范（试行）》的关系

多年来《森林资源资产评估技术规范（试行）》在规范森林资源资产评估操作方面发挥了极其重要的作用。《资产评估准则——森林资源资产》发布后，覆盖森林资源资产评估技术的相应内容，对《森林资源资产评估技术规范（试行）》形成一定的替代效果。

（五）与森林资源资产评估标准的关系

2015年，国家林业局发布公告，批准《森林资源资产评估技术规范》等90项林业行业标准。按照现有国家标准分类，该标准属于推荐性标准、行业标准。根据这项标准性质，执行森林资源资产评估业务，可以执行。

2016年，《资产评估法》发布。资产评估法规定，评估行业的行政管理部门和行业协会制定评估准则，规范评估执业行为。根据资产评估法的规定，资产评估行业应当加强森林资源资产评估技术规范的研究，进一步完善森林资源资产评估准则。同时，为加强准则与标准的协调，方便评估专业人员执行业务。资产评估行业可以对标准进行研究。由于标准是推荐性，中国资产评估行业可以通过一定的形式，将标准转化为行业执业规范，强制会员执行。

不可或缺的不动产评估准则

不动产是现代社会经济运行的重要资产，也是企业资产的重要组成部分。不动产评估也是资产评估的重要组成部分。因此，一个完善的评估准则体系离不开不动产评估的规范。

一、不动产评估准则是各主要评估准则体系的必备内容

《国际评估准则》一直把不动产评估准则作为主要内容。2017年版国际评估准则中IVS400是不动产评估准则。《美国专业评估执业统一准则》（USPAP）中，准则1和准则2分别对不动产评估和不动产评估报告做出规定。英国皇家特许测量师学会是老牌的不动产评估专业组织，其评估准则（红皮书）一直以不动产评估为主要规范对象，近年来更是全面采用了国际评估准则。

在我国，《资产评估准则——不动产》制定前，国土资源和建设部门已有一套成熟的、比较权威的房地产评估、土地估价的技术规范和标准，包括《房地产估价规范》（GB/T50291-1999年）和《城镇土地估价规程》（GB/T18508-2001年）等。财政部门的

《资产评估操作规范意见》（1996年）也对土地和房地产评估做出了具体规定。

资产评估行业的业务，以交易为目的的评估业务中，以及企业价值评估业务中，都涉及大量的不动产评估。资产评估准则体系作为综合性评估准则体系，涵盖了主要的资产类型。无论从服务资产评估实践角度，还是完善资产评估准则体系角度，在企业价值、无形资产、机器设备等评估准则项目之外，制定不动产评估准则，是理所当然的。

二、准则与现有相关专业标准的协调

毕竟，在不动产评估领域，除资产评估准则外，还有两项国家标准。评估准则需要与国家标准实现协调，以保证价值发现机制的统一。

《资产评估准则——不动产》制定过程中，一是坚持了资产评估过程中各类型资产评估业务普遍遵守的评估程序方面的要求。二是在具体的评估方法上充分借鉴我国现行房地产估价规范与土地估价规程的有关内容。例如，2007年发布的《资产评估准则——不动产》中规定，评估师对不动产进行评估所采用的评估方法可以参考相关的国家标准。三是根据资产评估的业务特点，对资产评估业务中涉及的不动产评估业务特点进行了规定，如对隐蔽不动产的现场调查关注要求、利用其他评估机构报告应关注的事项等、企业价值评估中的不动产评估安排、构筑物评估的要求等。这些规定是对多年来资产评估业务的总结和凝练，是体现资产评估特点的部分，也是准则的重大创新。

资产评估法发布后，相关执业规范的制定和实施按照资产评估法的规定办理，有些内容则需要国务院进一步明确。2017年，中国资产评估协会对《资产评估准则——不动产》进行了修订，发布了《资产评估执业准则——不动产》。该准则实现了与资产评估法要求的对接，在专业性方面有了进一步提升。资产评估师执行不动产评估业务，应当遵守该准则。

三、对准则的评价

不动产评估准则的发布，使得实体类评估准则涵盖了主要资产类型，保证了我国资产评估准则体系的完整性，基本满足了常见资产评估业务的需求。这也使得资产评估准则可以完整地替代此前的其他形式的资产评估操作规范，支撑了资产评估业务进入准则规范时代。

珠宝首饰评估准则

一、关于准则起草背景

珠宝首饰属于特殊资产,珠宝首饰评估是资产评估的重要组成部分。为了规范珠宝首饰评估执业行为,2003 年我国设立了注册资产评估师(珠宝)执业资格考试制度,中国资产评估协会也于 2003 年发布了《珠宝首饰评估指导意见》。《珠宝首饰评估指导意见》对规范珠宝首饰评估执业行为、推动我国珠宝评估事业的发展起到了重要的指导作用。2009 年,珠宝首饰评估理论不断完善,已建立起专业的珠宝首饰评估执业队伍,积累了珠宝首饰评估实务经验。为了进一步完善资产评估准则体系,使珠宝首饰评估准则在结构、术语和内容上与新发布的中国资产评估准则体系相衔接,更好地适应珠宝首饰评估事业的发展,中国资产评估协会对《珠宝首饰评估指导意见》进行修订,发布了《资产评估准则——珠宝首饰》,使之完善、更新,并提升到实体准则层次,更好地规范和指导珠宝首饰评估执业,更好地为市场经济服务。2017 年,中国资产评估协会进一步根据资产评估法的规定，对珠宝首饰评估准则进行了修订，发布了《资产评估执业准则——珠宝首饰》。

二、准则内容解构

（一）关于珠宝首饰的定义

珠宝首饰的定义是广义上的，不仅包括由珠宝玉石和贵金属材质组成的并用于佩戴、装饰或收藏用的成品，而且也包括珠宝玉石的原料和半成品，以及贵金属的原料和半成品，但不包括未经提炼的矿石。

（二）关于评估方法的选择

珠宝首饰评估通常采用市场法和成本法，在评估无租赁市场或收益潜力的珠宝首饰时，很少采用收益法。在珠宝首饰评估准则中列出收益法，一是满足评估方法的完整性；二是希望在珠宝评估执业过程中和学术界对收益法进行不断探索和研究，使收益法的应用不断完善。

（三）关于对评估对象的描述

珠宝首饰评估业务的评估对象，大多一致性较差，因此，执行珠宝首饰评估业务，应对被评估珠宝首饰及其制品进行写实性描述和解释性描述。

写实性描述，即客观的、实事求是的、不加任何夸张和想象的描述，也称为原义描述。写实性描述的表述方式和内容，应该是所有具有珠宝常识和珠宝首饰知识的人都会认同、没有异议的客观现实，通过写实性描述可以对描述对象进行辨认。

解释性描述，是在对被评估珠宝首饰写实性特征的分析研究基础上得到的与珠宝首饰价值相关联的重要因素或对珠宝首饰综合品质的论述等。如对珠宝首饰颜色品质的综合描述、对珠宝首饰透明度品质级别的划分及综合描述等。

（四）关于鉴定和品质分级

珠宝首饰的真伪和品质对其价值有重大影响。执行珠宝首饰评估业务，首先要对委托方送达的评估对象进行必要的验证和鉴定，以确定评估对象是否为珠宝首饰，是否为珠宝首饰的仿制品，是否是合成珠宝首饰，是否是经过人工优化处理的珠宝首饰。

委托方送至珠宝首饰评估机构要求评估的珠宝首饰，有些已经过珠宝玉石首饰鉴定机构的鉴定并附带有鉴定证书，有些则没有经过鉴定。评估师对已有的鉴定证书，需要进行验证和确认。这包括：查验签发珠宝首饰鉴定证书的鉴定机构的资质，判断鉴定证书的真伪，检查鉴定证书的鉴定结果是否准确。在检验和确认的基础上，可以采用具有资质的珠宝玉石首饰质检机构出具的、正确的鉴定分级结论。无鉴定证书者，评估师可以根据自身的专业知识，借助珠宝玉石鉴定仪器对所受理的评估对象进行必要的测试或委托具有权威性的珠宝玉石首饰鉴定检测机构对所受理的评估对象进行验证和确认。

对于具有分级标准的珠宝首饰，评估前还需要对珠宝首饰进行相应分级。

三、对准则的评价

国际上几个主要评估准则体系中，都没有专门的珠宝评估准则。美国和英国的评估准则中，有相应的动产评估准则项目。但他们的动产评估准则适用范围不仅仅限于珠宝首饰评估。国际上动产的概念也是一个较为宽泛的概念。因此，我国的珠宝首饰评估准则是独树一帜的准则项目。

机器设备评估准则

制定机器设备评估准则有几个考虑：一是机器设备评估准则是一个完善评估准则体系的项目。本准则的发布丰富了资产评估准则体系的内容。二是机器设备评估非常重要。机器设备是现代社会生产、工作中的重要资产，是企业资产的重要组成部分。机器设备评估是资产评估的重要领域，无论是单独评估，还是作为企业价值评估中的组成部分，合理发现机器设备的价值对于促进交易、顺利实现评估目的具有重要意义。三是评估准则国际趋同的需要。国际评估界对机器设备评估的研究非常深入和细致，几个评估专业组织联合举办世界机器设备评估大会，推动机器设备评估的研究和实践发展。国际评估准则中对机器设备评估专门设置了准则项目。英国 RICS 红皮书中也有机器设备评估指南。为加强评估准则国际趋同，有必要制定机器设备评估准则。

针对机器设备单独制定评估准则也是我国资产评估准则体系的特点。机器设备对应的英文词为 Machinery & Equipment。国际评估准则和英国评估准则中没有单独的机器设备准则，而是把机器设备与厂场资产放在一起制定准则，名称是 Plant & Equipment。这与会计准则的做法相似。国际评估准则的做法受国际会计准则做法影响较大，但与会计准则又不完全一致。会计准则中把机器设备和不动产、厂场并列，三类资产共用一个会计准则。评估准则中则分别进行规定。国际评估准则中不动产有单独的准则，厂场和设备共用一个准则。会计准则和评估准则的差异有其合理性。会计准则是按资产的管理方式划分，评估准则是按资产价值形成方式划分。会计准则关心的是价值怎么消失，评估准则关心的是价值怎么形成。

《资产评估准则——机器设备》中对机器设备的定义是从机器设备的资产属性和自然属性两个方面进行考虑的，对其自然属性的描述采用列举方式。是指特定主体拥有或控制的，用于生产、提供商品和服务、获取租金或管理等目的的机器、仪器、器械、装置以及附属于机器设备的特殊性构筑物等资产。其中附属于机器设备的特殊构筑物区别于一般的构筑物如厂房设备等。

机器设备评估准则中除体现机器设备评估的特点外，与其他实体性评估准则相比，准则中提出的抽样评估概念对评估理念的影响较大。抽样评估主要针对机器设备现场清查核实工作。对于机器设备的现场清查核实工作，此前的规定都是全面清查。例如，《资产评估操作规范意见（试行）》中规定："要逐项核查建筑物、机器设备、在建工程"。机器设备评估中，有时设备数量很大，评估师进行现场调查有时无法做到、也不一定有必要逐项清查。因此，准则中规定了抽样评估，允许在机器设备评估实践中将抽样作为一种现场勘查方法。"执行机器设备评估业务，应当对机器设备进行现场逐项调查或者抽样调查，确定机器设备是否存在、明确机器设备存在状态并关注其权属。如果采用抽样的方法进行现场调查，应当充分考虑抽样风险。因客观原因等因素限制，无法实施现场调查的，应当采取适当措施加以判断，并予以恰当披露"。抽样评估的基础是重要性原则的引入。出于谨慎性考虑，评估准则制定工作中一直尽量避免涉及其他中介行业所常用的重要性原则。评估程序准则中尝试性引入抽样，实际是在重要性原则引用方面做出突破。机器设备评估准则中允许抽样，需要在执业时合理设定重要性水平。

企业价值评估准则

发生企业并购、股权转让等经济行为时，为了进行合理决策，往往需要聘请专业评估师对目标企业或股权进行价值评估。企业价值评估是当今国际评估行业重点发展的领域之一。特别是 20 世纪 80 年代以来，世界各国大量出现的企业并购行为要求对企业、股权价值进行合理的评估，企业价值评估理论和实务得到了充分的发展，成为当今国际评估行业发展的重要领域之一。企业价值评估业务的发展，对企业价值评估准则制定提出了需求。

一、我国企业价值评估准则的制定背景

中国资产评估行业肇始于企业价值评估。此后，企业价值评估一直是中国资产评估行业的核心业务之一。与此相适应，我国企业价值评估准则也是资产评估准则体系中的主要内容，也是较为早期的准则项目之一。我国企业价值评估准则分为三个阶段。

（一）应急阶段

进入 21 世纪时，随着我国经济体制改革的进一步发展，企业并

购、重组和产权变动行为越来越多，社会各界对企业价值评估的需求也呈迅速上升趋势。但是我国的企业价值评估业务尚处于探索阶段，实践中暴露出许多问题，如成本法的滥用，收益法中假设和参数的不当选择，评估对象确定的不合理，价值类型的不明确；等等。这些问题不仅影响了企业价值评估在我国的健康发展，同时也无法满足各类市场主体对合理评估企业或股权价值的需求。这些问题影响了企业价值评估的健康发展和评估中介机构作用的有效发挥。广大评估机构和相关部门迫切需要对企业价值评估进行指导和规范。

为规范我国企业价值评估业务的发展，2004 年，中国资产评估协会制定了《企业价值评估指导意见》（以下简称《指导意见》），以适应当时企业改革对评估中介服务的需求，解决企业价值评估业务中存在的相关问题，促进评估行业服务于企业并购、重组和产权变动等经济行为。

自 2005 年 4 月 1 日起施行以来，企业价值评估指导意见为广大评估机构和注册资产评估师执行企业价值评估业务提供了操作指南，为委托方和监管部门评价评估工作成果提供了客观标准，为维护社会公众利益和评估各方当事人合法权益起到了积极作用。企业价值评估方法已经由原先的资产基础法为主、收益法简单验证逐步过渡到资产基础法和收益法两种评估方法并重的格局，而且市场法也得到了一定程度的应用，可以说，《指导意见》的出台取得了预期的效果。

（二）规范发展阶段

《指导意见》实施几年后，评估准则所处经济、监管和执业环境发生重大变化。一是企业价值评估自身规范化水平逐渐提升，价值类型、评估方法等理论有所发展，体量巨大的国有企业改制上市并购重组业务提供的实践舞台为企业价值评估实践积累了更加坚实的基础。二是评估准则体系也在不断丰富和完善。到 2010 年左右，准则体系中主要准则项目基本建设完成，准则间分工明确，有机协调，协同作用逐步发挥。三是外部环境有所变化。随着我国经济环境的变化，社会主义市场经济体制的逐步发展，特别是随着产权市场、证券市场的迅猛发展，随着评估实践的发展，评估报告使用者和监管方对评估服务的要求不断变化，评估行业整体执业水平的提升，对评估执业方式提出了更高的要求。同时，随着企业经济行为的复杂化和企业经营模式和经营性质的多样化，企业价值评估技术也越来越复杂。这种情况下，为进一步满足市场需求、评估实践需求和准则体系的完善，修订《企业价值评估指导意见》已经成为必然要求。2011年，中国资产评估协会对指导意见进行了修订，发布了《资产评估准则——企业价值》。

（三）完善提升阶段

企业价值评估业务是为企业经济行为决策提供咨询意见。评估报告使用者和监管方的需求对企业价值评估业务的影响非常重大。自2011年以来，企业并购重组活动急剧增加，国有企业走出去步伐加快，企业对企业价值评估的需求在专业性、决策有用性方面的要求大增。例如，国有企业走出去过程中，产生了大量投资价值评估业务需求，上市公司并购重组过程中产生大量对交易实现价格意见的需求。而资产评估行业的企业价值评估服务还难以适应这些需求的变化。虽然评估准则没有限制这些类型的服务，也为这些类型的服务做出了应有的规定，但如果在评估准则中更加明确地提出一些指导意见，则更加有利于广大评估专业人员转变服务观念，对接市场需求。更重要的是，2014年，资产评估行业管理方式改变，2016年，资产评估法发布，这两个重要事件，把资产评估服务进一步推向市场，评估服务的专业性需要进一步体现，针对主要特色业务的企业价值评估准则必须有所动作。2017年，根据资产评估基本准则，结合其他准则的修订情况，《资产评估执业准则——企业价值》发布。

二、准则内容分析

我国的企业价值评估准则在基本理念上与国际上主要评估准则体

系中企业价值评估准则理念一致，在评估对象、评估方法运用等方面又体现了中国特色。

（一）评估对象形态多样

企业价值评估，英文中用的是"Business Valuation"，而英文中的 Business 是一个含义很广泛的词，生意、事务、交易等意思都有，其实体含义较少。涉及实体时，英文通常用 Entity。因此，企业价值评估的内涵丰富，评估对象多种多样。我们看企业价值评估的评估对象，不能把"企业"和"价值"分开。

企业价值评估准则对企业价值评估做出了定义，明确了企业价值评估业务的评估对象。准则规定，企业价值评估是指资产评估机构及其资产评估专业人员遵守法律、行政法规和资产评估准则，根据委托对评估基准日特定目的下的企业整体价值、股东全部权益价值或者股东部分权益价值等进行评定和估算，并出具资产评估报告的专业服务行为。准则中对评估对象的表述，是从权益和资产两个角度共同进行的。

企业整体价值是从资产角度看企业。1996 年原国家国有资产管理局颁布的《资产评估操作规范意见（试行）》中的第 109 条对"整体企业资产评估"给出了定义，即"整体企业资产评估是指对独立企业法人单位和其他具有独立经营获利能力的经济实体全部资产和负债所进行的资产评估。整体评估的范围为企业的全部资产和负债"，第 110 条也指出"整体企业的评估范围一般为该企业的全部资产和负债"，在第 113 条介绍整体企业评估的重置成本法时，指出"整体企业的重置成本法是指分别求出企业各项资产的评估值并累加求和，再扣减负债评估值，得出整体企业资产评估值的一种方法，整体企业评估的重置成本法也被称为成本加和法"。企业整体价值评估即是对上述整体企业资产的评估，是从资产角度看企业价值。

股东全部权益价值或者股东部分权益价值，是从权益角度看企业价值。评估对象可能是全部权益，也可能是部分权益，也可能是某一业务，也可能是一些可以发挥独立功能的资产组合。准则中还提出业务单元概念，更加体现了企业价值评估对象的无形性。"业务单元"可以是一个企业内部的独立业务单元，也可以是多个企业共同组成的功能体。

（二）对企业财务信息需要履行适当程序

企业财务信息属于委托方提供的评估资料的一部分。对于评估资料，评估专业人员需要从确认和使用两个方面进行分析。

对财务信息的确认，需要履行核查验证程序。而获取审计报告是一种可行的措施。企业价值评估准则规定，资产评估专业人员应当尽可能获取被评估单位和可比企业的审计报告。关注审计报告属于利用专家工作，需要履行相应的程序。

对财务信息的使用，则需要转化为评估所需的信息。因此，需要进行必要的分析和调整。企业价值评估准则规定，无论财务报表是否经过审计，资产评估专业人员都应当根据所采用评估方法对财务报表的要求对其进行必要的分析和专业判断。

（三）溢折价因素的要求重点针对披露

控制权和流动性能够给企业价值造成溢折价已经成为共识。但如何具体反映这些影响，目前没有普遍认可的做法。企业价值评估准则中没有忽视这一因素，但也没有超出实践水平做出过高的规定。《资产评估准则——企业价值》第20条规定，"注册资产评估师评估股东部分权益价值，应当在适当及切实可行的情况下考虑由于具有控制权或者缺乏控制权可能产生的溢价或者折价，并在评估报告中披露评估结论是否考虑了控制权对评估对象价值的影响"。第21条规定，"注册资产评估师执行企业价值评估业务，应当结合所选择的评估方法关注流动性对评估对象价值的影响。当流动性对评估对象价值有重大影响时，应当予以恰当考虑。注册资产评估师应当在评估报告中披露评估结论是否考虑了流动性对评估对象价值的影响"。准则中的规定，最终落脚在披露上，对具体的操作没有详细规定。2017年准则修订后，对控制权和流动性的规定进一步限制在市场法中，从而弱化了对溢折价因素的要求。

（四）倡导合理运用评估方法

评估方法的选用，在最初的评估实践中有优先顺序。如《资产评估操作规范意见（试行）》中规定的以成本加和法为主对企业整体价值进行评估，采用收益法对成本加和法评估结果的辅助验证的评估模式。目前的评估实践中，仍然由于委托方或评估报告使用人原则性的要求，而硬性地使用两种评估方法。资产评估法中强化了两种以上评估方法的运用，规定"除执业准则规定可以使用一种评估方法外，应当使用两种以上评估方法"。这些做法和规定，对于企业价值评估，特别是新产业、新业态中的企业价值评估，大幅增加了难度。

前后三版企业价值评估准则中，对评估方法的选用都是偏重理论要求，而非实践要求。在评估方法选用方面的规定，三版评估准则基本的规定都是先判断评估方法的适用性，再根据适用性恰当选择使用。

（五）强调收益预测中评估师的责任

企业价值评估收益法中，未来收益预测是重要内容。通常，评估业务中企业会提供收益预测资料，并对资料的真实、合法、完整负责。但这些资料转化为评估资料，必须由评估专业人员履行适当程序。因为，评估专业人员需要对评估结论的合理性负责，而收益预测是影响评估结论的关键因素。《企业价值评估指导意见（试行）》规定，评估师应当从委托方或相关当事方获取被评估企业未来经营状况和收益状况的预测，并进行必要的分析、判断和调整，确信相关预测的合理性。《资产评估准则——企业价值》规定，评估师应当充分分析被评估企业的资本结构、经营状况、历史业绩、发展前景，考虑宏观和区域经济因素、所在行业现状与发展前景对企业价值的影响，对委托方或者相关当事方提供的企业未来收益预测进行必要的分析、判断和调整，在考虑未来各种可能性及其影响的基础上合理确定评估假设，形成未来收益预测。《资产评估执业准则——企业价值》规定，对委托人和相关当事人依法提供并保证合理性、合法性、完整性的未来收益预测资料，资产评估专业人员应当与委托人和相关当事人讨论未来各种可能性，结合被评估单位的人力资源、技术水平、资本结构、经营状况、历史业绩、发展趋势，考虑宏观经济因素、所在行业现状与发展前景，分析未来收益预测资料与评估目的及评估假设的适用性。

《企业价值评估指导意见（试行）》《资产评估准则——企业价值》和《资产评估执业准则——企业价值》中都对从委托方和相关当事方获取预测资料做出了相关的规定，都要求对获取的资料进行分析调整。不同的是，前后三版准则中，前两版从结果角度提出要求，最新版从评估程序角度对评估师提出要求。

（六）单独分析非经营性资产和溢余资产

运用收益法和市场法进行企业价值评估时，涉及非经营性资产和溢余资产的分析。分析非经营性资产和溢余资产，是评估专业人员充分挖掘企业价值专业精神的体现。

非经营性资产和溢余资产的识别，需要与委托方充分沟通，有些资产的功能状态不明显，有些资产是否参与经营不明显，有些资产虽然参与经营但必要性不明显，这些因素都是确定非经营性资产和溢余资产时需要考虑的。企业的资产配置标准和效率影响非经营性资产和溢余资产的范围。在这个问题上，委托方的意见是主导的。

（七）对评估报告披露内容提出了较高要求

企业价值评估业务是资产评估行业的品牌业务和主流业务，评估报告是行业对外的对话平台。因此，企业价值评估准则中对评估报告提出了较高的要求。

一是为了方便理解评估结论，要求尽量详尽的披露宏观、行业、企业信息，以及评估过程信息。二是为了避免误用和不当使用，要求明确评估报告的使用范围和使用限制，包括明确评估报告使用人、明确使用责任、提醒与交易价格的关系等。

三、企业价值评估准则评价

（一）对评估理论和实践做出重大贡献

评估准则中提出的运用多种评估方法、控股权溢价和少数股权折价、流动性和溢余资产影响等理念，推动了中国企业价值评估业务和理论的发展，避免了评估实践墨守成规、陷入低水平重复。

（二）准则中的规定注重普适性

企业价值评估准则是适用于各种类型的企业价值评估，因此，准则中的规定必须具有普适性。但这也牺牲了部分操作性和针对性。随着评估实践中企业类型多种多样、经营性质多种多样，轻资产公司、互联网公司、文化产业等新型企业的出现，对准则提出了更高的要求。企业价值评估准则中需要进一步考虑这些需求。评估准则体系中设计了多个准则框架，如财务报告目的评估准则框架、无形资产评估准则框架。或许这是一个好的启示。

（三）对单项资产与企业整体价值的关系关注不够

企业价值评估准则与单项资产评估准则的关系需要进一步明确。目前企业价值评估准则中对单项资产在企业环境中的评估关注不够，影响了评估方法的运用。

第五部分

资产评估准则发展

大数据时代的评估准则建设

随着信息技术特别是信息通讯技术的发展，互联网、社交网络、物联网、移动互联网、云计算等相继进入人们的日常工作和生活中，全球数据信息量呈指数式爆炸增长之势，我们已悄悄进入大数据时代。人们津津乐道大数据对生活的改变。各专业领域也对大数据异常关注，开始研究大数据与工作的结合。

但大数据到底是什么，与我们此前一度同样重视的数据库是什么关系，在什么层面影响着我们的工作，目前仍然需要深入研究。国家层面对大数据已经开展了政策布局。2015年，国务院发布《促进大数据发展行动纲要》，对大数据的发展形势、重要意义、指导思想、总体目标、主要任务、政策机制等内容提出了意见。资产评估行业作为信息和数据的密切关联方，需要紧盯大数据应用的发展趋势。为保证服务质量，控制执业风险，评估准则中也需要适当对大数据背景中资产评估服务行为的特点予以体现。

一、大数据的内涵

要在资产评估和评估准则中充分考虑大数据，需要准确把握大数据的内涵。

（一）常用的例子

最常引用的关于大数据的例子，是美国一家超市的顾客管理案例。一位父亲很生气地找到当地超市投诉，说超市给他上高中的女儿发送孕期用品广告。当时超市的工作人员也认为可能搞错了。一周后，超市方面再次联系上这位父亲，这位父亲的态度180度转变，他的女儿确实怀孕了。超市的广告行为是根据顾客行为分析结果所做的，这些分析结果的基础是顾客消费记录。此事显示了大数据的巨大威力，被媒体报道后轰动全美。

这个例子只是把大数据引荐到我们的视线之内，并不足以让我们清楚地认识大数据的内涵。

（二）资产抑或技术

从目前对大数据的研究来看，很多都在数据库建设层面，常用的表述是"无法用现有的软件工具提取、存储、搜索、共享、分析和处理的海量的、复杂的数据集合。"但数据库建设只是大数据的一个方面，数据库之外的分析和应用是更大的空间。

也有研究认为大数据"指无法在一定时间范围内用常规软件工具进行捕捉、管理和处理的数据集合，是需要新处理模式才能具有更强的决策力、洞察发现力和流程优化能力的海量、高增长率和多样化的信息资产"[1]。近年来，基于数据信息转让等现实经济行为的需要，有些机构开始研究大数据资产价值评估，扩展或开发了无形资产评估技术模型。

也有研究认为，大数据只是服务于一些经济分析方法的新型技术手段。

---

[1] 《6个用好大数据的秘诀》，中国大数据，2016年2月2日。

(三) 政策方面的理解

国务院发布的《促进大数据发展行动纲要》中指出,"大数据是以容量大、类型多、存取速度快、应用价值高为主要特征的数据集合,正快速发展为对数量巨大、来源分散、格式多样的数据进行采集、存储和关联分析,从中发现新知识、创造新价值、提升新能力的新一代信息技术和服务业态。"这个表述将大数据的内涵提升,不再是数据本身,而是应用层次。

(四) 演进路径的启示

对于大数据内涵的分析,维克托·迈尔－舍恩伯格、肯尼斯·库克耶在《大数据时代》一书中从大数据演进的角度进行了深刻分析。书中指出,大数据并非一个确切的概念。今天,认为大数据是人们大规模数据的基础上可以做到的事情,而这些事情在小规模数据的基础上是无法完成的。大数据是人们获得新的认知、创造新的价值的源泉。大数据还是改变市场、组织结构,以及政府与公民关系的方法。可以看出,他们认为,理解大数据已经不能像以前看待小规模数据那样了。大数据给我们带来了新的更多层面的东西。

(五) 大数据的特点

IBM 提出大数据的 5V 特点:大量(Volume)、高速(Velocity)、多样(Variety)、低价值密度(Value)、真实性(Veracity)[1]。这是从数据本身角度总结的。

《大数据时代》一书中,认为大数据具有三个明显特点。(1) 不再依赖于随机采样。抽样分析是信息缺乏时代和信息流通受限制的模拟数据时代的产物,高性能数字技术的流行让我们意识到这其实是一种人为的限制。使用全部数据为我们带来了更高的精确性,让我们看

---

[1] 《大数据时代要有大数据思维》,中国大数据,2015 年 11 月 3 日。

到了一些以前无法发现的细节。（2）不再追求精确度。数字技术适用于掌握小数据量的情况，我们必须尽可能精确的量化我们的记录。随着规模的扩大，对精确度的痴迷减弱。当我们拥有海量即时数据时，绝对的精确，不再是我们追求的主要目标。（3）不再热衷于因果关系。我们无须再紧盯事物之间的因果关系，而应该寻找事物之间的相关关系。这会给我们提供非常新颖且有价值的观点。这三个特点揭示了大数据的实质。

二、大数据对资产评估的影响

根据大数据的内涵和特点，把大数据当作资产看待，可能操作性受到较多限制，因为大数据的外延难以确定，资产的价值难以判断。当前，许多以数据名义进行的交易，其实并不是数据本身，而是一种技术服务。大数据的应用具有不确定性，我们能从大数据中获得的成果极其广泛，难以相像。就资产评估领域而言，大数据的终极影响可能是颠覆性的。在相对可预见的一段时间内，大数据对资产评估的影响也是巨大的。目前，在资产评估领域，把大数据当作一种技术对待，服务于资产价值结论的形成，是较为恰当的。即使在这种认识下，大数据对资产评估的影响也是广泛的。

（一）相关的评估资料范围大幅扩展

根据资产评估法，委托人要提供真实、合法、完整的评估资料，评估专业人员要对资料的真实性、合法性、完整性进行核查验证。但是，资料的完整性如何判断成为一个问题。根据资产评估准则对资料收集的要求，评估资料通常包括资产本身的历史、现实和未来预测资料，资产所在行业资料，资产所处市场资料，有时需要收集宏观资料。但目前评估准则中对资料的要求都限定在"相关"层面。大数据背景中，在"怀孕"和"购物"都需要联系在一起时，"相关"的内涵进一步扩大。影响资产价值的因素有直接相关的，也有间接相关的,而且更多的是间接相关的。这对评估专业人员执业提出了严峻的挑战。

(二) 基本的看似科学的评估方法不再重要

基本评估方法有三种,分别从过去、现在和未来角度对资产价值进行分析估算。这些基本评估方法运用过程中,需要收集大量文件、证明和其他资料。在现在的收集资料和评定估算方式下,严密的技术、科学的方法具有用武之地。但这些资料与大数据相比,只能是九牛一毛。大数据背景中,海量的数据处理使得现有的技术和方法力不从心,也会极大增加业务成本,束缚评估专业人员对价值的判断。因此,大数据背景中,资产评估基本方法的适用性受到局限。我们在资产评估中,不再追求看似科学的精确度,而是通过大数据分析得出相对不精确的结论。

不过,这也会引发一个问题,资产评估是对资产的价值提供意见,现有实践中资产评估是一个确切的数值,而且很精确,而大数据下的与资产评估是否还能满足经济行为的需求呢?答案是肯定的。资产评估作为一种专业服务,本质上是提供一种咨询意见,供委托方参考,资产价值的最终确定,需要委托方自主做出判断。因此,评估结论是合理性的范畴,不是准确性的范畴。基于这种定位,大数据的非精确结论可以满足委托方的需求。这种看似不精确的评估结论,往往传递出更加有用的价值信息供委托方决策时参考。

(三) 对专业知识的要求可能放松

大数据背景中,资产评估专业人员的重要性下降。这有很多理由:
例如,数据告诉我们"是什么",而不是"为什么"。以前,我们的资产评估是通过以前、现在、未来"是什么",推理出现在"是什么",这种推理过程,需要大量的专业判断,对执业人员的专业性有较高要求。但大数据背景中,我们直接通过海量数据归纳出"是什么",这个归纳过程不需要专业判断,甚至是不能加入专业判断,因此对资产评估专业知识的运用没有太高要求。

再如,目前的资产评估,我们是通过分析评估对象各种价值影响因素得出价值结论,遵循的是一种因果关系。而对因果关系的判断,需要专业能力。但大数据背景中,我们的思想发生了转变,不再探究难以捉摸的因果关系,转而关注事物的相关关系。有时,我们一旦把因果关系考虑进来,反而是错误的。小规模数据基础上,专业能力在判断因果关系时有用,但在大数据背景中,资产评估专业能力则显得不重要。

三、大数据对评估准则的影响

大数据改变了资产评估的理念。生产和信息交流方式上的变革,必然会引发自我管理所用规范的变革。大数据也影响着评估准则,而且对资产评估准则的影响是根本性的。在评估准则中考虑大数据的影响,可能不是修补问题,而是需要认真考虑如何在全新的执业理念中制定规则的问题。

(一)基本执业要求方面

评估准则中对执业能力的规定需要向信息技术侧重。由于大数据内涵和应用具有独特性,评估准则中对执业胜任能力的考虑,可能需要向相关技术能力方面倾斜。因此,更多的利用专家工作要求需要强化,而资产评估的专业水平,可能不需要再做更多的强调。

大数据的复杂性和其他预测功能,使得执业主体职业道德要求急需提升。遵纪守法、独立执业和质量控制要求需要保持并根据具体情况做出调整。

(二)操作要求方面

评估准则中对资产评估的操作要求需要做出适当调整。

1. 合理设计资产评估程序。目前,评估准则中对资产评估程序的规定，适用于小规模数据基础上的资产评估业务风险控制。而大数据背景中，资产评估的关注点和风险点有所不同，评估程序的设计需要做出相应调整。例如，大数据让专业分工变得模糊，评估程序中对财务数据、审计意见等其他专业结果的相关判断应当适当调整。

2. 对评估程序的履行提出大胆要求。目前，评估准则中对执业限制的关注较多，如客观条件限制、法律法规限制等，这是目前比较适当的控制风险方式。而大数据背景中，客观条件的限制已经是一个很小的方面，其他许多"相关"因素可以弥补；法律法规对评估程序的限制也将会大幅减少。又如，对于评估资料的收集或者核查验证，以前因法律法规限制不能做的，以后可能在政策法规的主导下可以实现。比如，《促进大数据发展纲要》中也提出，"大力推动政府部门数据共享"、"稳步推动公共数据资源开放"。

3. 评估资料的真实性、合法性、完整性要求可适当放宽。大数据背景中，一些错误的数据也会混进我们的工作范围。这是正常现象，也是大数据的特点之一，评估准则中应当允许这种情况出现。

4. 评估方法的范围适当扩大。大数据背景中，基本评估方法已经不能适用需求，比如，预测是大数据的核心，但大数据不使用预测信息去预测，因此，收益法的运用受到限制。评估准则中应当更多地关注创新性方法的运用。

5. 加强对数据来源的分析。大数据背景中，评估结论易受数据来源的影响。例如，阿斯沃斯·达摩达兰（Dr. Aswath Damodaran）认为企业价值评估受数据销售者左右。因此，评估准则中应当对数据的来源和分析做出更多的细致要求。

（三）披露要求方面

在不解释"为什么"的情况下，如何让评估报告使用者明白，对评估准则提出了更高的要求。因此，评估准则应当对信息的披露提出新的要求。

1. 过程披露要求更加严格。大数据预测、运算法则和数据库具有很高的专业性，有变为黑盒子的风险，这个黑盒子不透明、不可解释、不可追踪，因而需要更加严格的披露规则。因此，评估准则中应当要求披露适当的信息，使评估报告使用者对信息处理过程理解和信服。

2. 展示"不相关"。大数据背景中的资产评估，从看似不相关的数据中得出评估结论，因此必须有更加严格的披露要求，保证评估结论得到理解。所以，评估报告中的披露，不是披露其形成理由，而是披露其形成过程，即"为什么"不再重要，"是什么"要讲清楚。

3. 评估结论形式需要变革。评估准则对评估结论形式的范围的规定可以更宽，甚至可以限制"确切的数值"形式的使用。

你看灯光，我看门道。2017年，三位美国学者根据夜间灯光数据"看涨"中国经济。他们采用一种"另辟蹊径"的指标分析后称：中国经济正呈现出比常规官方统计更高速度的稳定增长。他们认为，夜间灯光与经济活动水平及增长速度之间，存在非常有力的对应关系。在对全球夜间灯光数据进行深度分析的过程中，他们依靠卫星记录下的中国夜间灯光亮度，与铁路货运量、耗电量等宏观数据一起建立模型，从而得出上述"看涨"中国的结论。这种另辟蹊径就是建立了一种相关关系，是大数据的一种现实的应用。

我们生活在一个变革的年代，大数据的影响忽然就来了。因此，评估准则建设需要及时研究大数据带来的挑战，这就需要有突破式思维。然而，即使运用突破性思维，有些情况是可以预见的，而有些情况仍然只能被动应对。比如，当分析师们偶然地发现小规模公司收益往往大于较大规模公司的收益而产生小规模溢价时，他们没有想到，随着投资基金的大量出现，大小公司的收益水平很快趋同，所以，他们以前的结论很快一文不值。

最后需要补充一句，大数据的影响是社会分工层面的，因此，在资产评估行业没有消失之前，分析大数据对行业的影响还是很有必要的，但只能分析到短期的可预见的一段时间。

标准化时代的评估准则建设

准则和标准，在中文中有含义方面的区别，各自对应不同的实体，但二者对应的英文词是一样的，都是"Standard"。因此，我们讨论标准化时代的评估准则建设，具有鲜明的中国特色。外国人看起来会很费劲。

一、问题的提出

关注准则和标准这个话题，有几个原因：

1. 中国评估行业的几个专业中，房地产估价专业和土地估价专业的执业规范是以国家标准的形式存在的，即《房地产估价规范》（GB/T50291－2015）和《土地估价规程》（GB/T18508－2014）。尽管资产评估专业的执业准则在十几年内取得丰硕成果，但资产评估专业的从业者、监管者、评估报告使用人仍然经常会问，同为大资产评估行业的组成部分，资产评估专业的执业规范为什么不采用国家标准的形式？

2. "国家标准"的头衔，使得房地产估价专业和土地估价专业这两套执业规范顿显高贵。许多资产评估专业的学者和执业人员认为国家标准高评估准则一等，甚至对两类执业规范的效力做出区别对待。同等条件下，许多执业人员和相关当事人认为国家标准的规定优先于评估准则。这种观点甚至惊动了资产评估专业的行政管理部门。

3. 中国积极推动标准化建设在近年形成新的高潮。2013年，十八届三中全会通过《中共中央关于全面深化改革若干重大问题的决定》，对我国各领域全面深化改革做出了总体谋划。2015年3月，为落实三中全会决定，以及《国务院机构改革和职能转变方案》和《国务院关于促进市场公平竞争维护市场正常秩序的若干意见》关于深化标准化工作改革、加强技术标准体系建设的有关要求，国务院制定了《深化标准化工作改革方案》，对标准化改革做出具体安排，并明确提出鼓励具备相应能力的学会、协会、商会、联合会等社会组织和产业技术联盟协调相关市场主体共同制定满足市场和创新需要的标准，供市场自愿选用，增加标准的有效供给。2017年11月，全国人大通过《标准化法》修正案，对标准分类和制定工作提出了新要求。这些政策措施，再次唤醒了资产评估专业对执业规范标准化的关注。

二、标准和准则的关系

产生这些问题的原因，与各方对准则与标准的关系认识不同有关。

（一）二者的内涵

1. 什么是标准。1983年我国颁布的《标准化基本术语第一部分》（GB3935.1-83）中对"标准"的定义是："标准是对重复性事物和概念所做的统一规定。它以科学、技术和实践经验和综合成果为基础，经有关方面协商一致，由主管机构批准，以特定形式发布，作为共同遵守的准则和依据"。1983年国际标准化组织发布的ISO第二号指南（第四版）对"标准"的重新定义是："由有关各方根据科学技术成就与先进经验，共同合作起草，一致或基本上同意的技术规范或其他公开文件，其目的在于促进最佳的公众利益，并由标准化团体批准。"在2000年发布的《标准化工作导则》（GB/T1.1-2000）中将标准定义为："为在一定的范围内获得最佳秩序，对活动或其结果规定共同的和重复使用的规则、导则或特性文件。该文件经协商一致制定并经一个公认机构的批准。标准应以科学、技术和经验的综合成果为基础，以促进最佳社会效益为目的。"

按照标准化对象，通常把标准分为技术标准、管理标准和工作标准三大类。技术标准是指对标准化领域中需要协调统一的技术事项所制定的标准。技术标准包括基础技术标准、产品标准、工艺标准、检测试验方法标准，及安全、卫生、环保标准等。管理标准是指对标准化领域中需要协调统一的管理事项所制定的标准。管理标准包括管理基础标准、技术管理标准、经济管理标准、行政管理标准、生产经营管理标准等。工作标准是指对工作的责任、权利、范围、质量要求、程序、效果、检查方法、考核办法所制定的标准。工作标准一般包括部门工作标准和岗位（个人）工作标准。

根据世界贸易组织（WTO）的有关规定和国际惯例，标准是自愿性的，而法规或合同是强制性的，标准的内容只有通过法规或合同的引用才能强制执行。我国国家标准分为强制性标准和推荐性标准，是通过《国家标准管理办法》实现的。

2. 什么是准则。准则没有明确的正式定义，是在市场经济环境中逐渐火热的词语，是社会专业服务行业对自己执业规范的称呼。《立法法》规定的法律法规系列中，没有准则。专业服务行业的准则，是该行业的协会或行政主管部门发布的业内行为规范。

我国的资产评估准则，通过两种形式发布，一种是基本准则，以财政部规范性文件形式发布；另一种是由行业协会自行发布。

（二）二者的联系

根据标准的定义，标准是在一定范围共同遵守的技术规范或公开文件。从标准的分类来看，工作标准就是针对工作的责任、权利、范围、质量要求、程序、效果、检查方法、考核办法所制定的标准。这与准则在性质上是一致的。可以看出，在专业服务领域，标准与准则具有很大的相似性。

（三）二者的区别

1. 二者内容的覆盖面稍有差别。标准是对共同的重复性的事物和概念所做的规定。准则中也包含这些内容，如专业服务所需要考虑的主要事项、所需履行的主要程序，专业服务报告所需包含的主要内容等，这些都是执业时需要重复的，不同的执业者需要执行相同的内容，不同的业务中老百姓重复相同的内容，不同的客户需要重复相同的内容。但准则中也有许多专业判断空间。这些空间需要在重复一些基本要求的基础上，体现出服务特点。评估行业的各专业中，由于服务内容的差异，有些专业的执业规范比较适合以标准形式出现，而有些专业的执业规范则需要考虑更多的因素。

2. 二者内容的表述方式稍有差别。标准和准则本质上都是原则性要求，但由于标准的制定有严格的程序和内容要求，国家有严格的审核要求，因此标准在遵循原则性方面比较到位。标准中只规定做什么，应当达到什么要求，至于怎么达到这些要求，则很少作规定。这本来也应该是准则的做法。但是，由于准则的制定机制相对灵活，程序和内容方面的要求较为宽泛，并且主要由行业协会为主起草，因此客观上造成准则内容在原则的基础上，体现出一定程度的规则性。目前看，多数准则中既有需要达到的要求，也有对达到这些要求提供的指引。

3. 二者实施方式稍有差别。准则会直接在发布时明确实施范围，通常在行业内部强制执行。标准在特定行业的实施，需要通过行业另行确认，确认后强制或推荐实施。但从标准的制定方式和制定过程来看，标准和准则的实施效果差别不明显。

4. 二者在目标上稍有差别。从标准的定义可以看出，标准追求的是"先进经验"、"最佳的公众利益"、"获得最佳秩序"、"最佳社会效益"，在专业服务领域，类似于最佳实践要求。而准则的目标，从来不追求最佳实践，而是定位于合理。这个合理包括程序合理、成本合理、质量合理。当然，合理是在一定范围内一定条件下的合理，合理与最佳实践在不同阶段相互转化。因此，标准和准则在目标上有稍微的差异。

三、资产评估专业制定标准的可能路径

准则和标准有差异，但更多的是联系。以标准的形式规范资产评估执业行为，也是一种可选择方式。

（一）准则转换为标准的可行性

1. 从准则技术内容看，准则中既有原则性的规定，也有操作性的规定。其中的原则性规定，完全可以转换成标准形式。

2. 从评估准则体系的构成看，评估准则体系中既有程序类准则，也有实体类准则。其中，程序类准则本身是对评估业务流程中主要环节的规定，与标准的接近程度较大，最方便转化为标准。但程序类准则转化为标准，需要考虑准则中对程序的规定是否科学合理，是否完备，不能有所偏颇，有所遗漏。而实体类准则中，既有对基本程序、基本业务要素和基本披露内容的规定，也有达到这些要求所需要的路径方面的要求。实体类准则中的基本程序、基本业务要素和基本披露内容的规定，可以较容易地转化为标准。但其他带有程度性的内容，需要区分后转换为标准，有些内容可以舍弃。

3. 从准则制定机制角度看，评估准则的制定，履行了立项、起草、公开征求意见、审议等程序。每个程序中都保证了行业内外相关

方意见的充分体现，从而保证准则得到各方的共同认可。这种机制下制定的准则，满足了制定标准的程序要求，可以作为标准发布。

但总体上看，执业规范以何种形式存在，不影响其对执业行为的约束和指导。

（二）准则转化为标准需要做的工作

1. 梳理准则体系框架和内容。准则转化为标准，需要研究准则体系框架，合理设计准则体系，保证体系中的准则项目符合标准的性质。当前，我国资产评估准则建设成果丰硕，准则体系中已经有27项评估准则，涵盖各主要资产类型、主要评估目的、主要评估程序。但这些准则的相互关系需要进一步理顺，准则间的内容重复、内容不一致问题需要分析处理。同时，为引导和提升资产评估业务质量，准则中也有大量引导性规定，比如对价值类型、溢折价的规定，这些规定转化为标准，需要慎重考虑其实施效果。

准则体系中的许多项目，对于满足执业需求具有重要作用，有必要保留。如果类似的准则项目在转化为标准和保留内容方面做出取舍，可以选择将部分准则转化为标准，另一部分准则继续以准则形式存续。

2. 合理选择标准形式。根据《深化标准化工作改革方案》和《标准化法》，政府主导制定的标准由6类整合精简为4类，分别是强制性国家标准、推荐性国家标准、推荐性行业标准、推荐性地方标准；市场自主制定的标准分为团体标准和企业标准。政府主导制定的标准侧重于保基本，市场自主制定的标准侧重于提高竞争力。

资产评估准则转化为标准，宜采用团体标准形式。在标准管理上，对团体标准不设行政许可，由社会组织和产业技术联盟自主制定发布。这种标准管理机制，为资产评估行业执业规范的不断优化提升提供了基础，有助于资产评估执业规范及时根据市场、监管等需要及时更新。

3. 梳理准则行文方式。标准的要素是由条款构成的，根据条款所起的作用可将其分为三种类型：（1）陈述型条款：表达信息的条款，可通过汉语的陈述句或利用助动词来表述。表达陈述型条款的助动词有三种："可"或"不必"；"能"或"不能"；"可能"或"不可能"。（2）推荐型条款：表达建议或指导的条款，通常用助动词"宜"或"不宜"来表达。（3）要求型条款：表达如果声明符合标准需要满足的准则，并且不准许存在偏差的条款。要求型条款可以通过汉语的祈使句或利用助动词来表述。表达要求型条款的助动词有"应"或"不应"。

标准的条款要求，与准则的条款表述形式需要统一。

当前，国家层面大力推动标准化。质检总局、国家标准委制订了《关于培育和发展团体标准的指导意见》，明确了团体标准的合法地位。意见中明确，释放市场活力，营造团体标准宽松发展空间；鼓励在合法、公正、公开的前提下，按照市场机制公平竞争，通过市场竞争优胜劣汰，激发社会团体内生动力，提高团体标准质量水平，促进团体标准推广应用。团体标准的制定权限是开放的。资产评估行业的技术规范已经具有了良好的技术基础、社会基础、实施基础，具有较强的竞争优势。无论从保持竞争高地角度，还是从承担社会责任角度，准则转化为标准都是一个可以选择的重要举措。

中国资产评估准则体系展望

中国资产评估准则体系发布于2007年,很好地规划和指导了资产评估准则建设。随着评估准则建设的深入推进、评估准则项目的增加,特别是资产评估法的发布,资产评估准则体系也需要适当做出调整。资产评估准则体系可以有不同的设计,此处只是一种观点。

一、评估准则体系新影响因素分析

全面深化改革进程中,资产评估准则所处的环境正在发生变化。

(一)国有资产管理体制改革

中国资产评估行业的服务内容中,有很大部分是国有资产评估。资产评估是国有资产管理的组成部分。因此,国有资产评估受到国有资产总体管理框架的约束。国有资产评估中,国有资产监管者、评估报告使用者,对国有资产的评估程序、评估报告内容等有特殊需求,评估准则中应当予以必要体现。例如,国有资产评估中对评估方法的运用原则上要求两种以上评估方法,对评估报告的内容和格式有严格要求，对资产评估过程中关注社会效益等内容也有要求。

2015年，中共中央国务院发布《关于深化国有企业改革的指导意见》，提出了一系列新的改革要求。对国有企业的监管，从管资产到管资本转变，提出混合所有制等改革措施。这一进程中，资产评估也应当积极做出调整。适应管资本方式，应当积极研究市场价值评估报告和投资价值评估报告的关系和在管理中的应用。适应混合所有制的推进，应当研究相应的评估技术，保证服务质量。

同时，在国有资产管理工作中，一些资产管理部门对评估准则提出直接要求。如文化企业无形资产的评估中，相关部门对文化企业无形资产评估指导意见的制定提出了具体要求。

（二）国际准则采用

资产价值的标准，全球应当是统一的。中国的资产评估准则很难脱离国际标准而独立存在。近年来，国际评估准则理事会大力推动国际评估准则的全球采用。按照国际评估准则理事会的要求，各成员国在2020年完成对国际评估准则的采用。"采用"比"协调"和"趋同"更进一步，要求更高。国际评估准则理事会对"采用"的解释是"Word for Word"，即一字不改。根据这一要求，各成员组织不能有变通方式。评估准则体系框架的设计，需要考虑准则的国际采用。

目前，已经有澳大利亚、罗马尼亚、斯洛文尼亚等国的主要评估组织采用了国际评估准则。英国也在红皮书中全文包含了国际评估准则。美国的评估促进会已经与国际评估准则理事会签署趋同协议。

中国资产评估协会是国际评估准则理事会的管委会单位，对国际评估准则的全球采用持支持态度，理应做好相关的过渡安排。评估准则体系框架中，需要为国际评估准则保留空间。

（三）评估业务的需求

1. 国际业务上升。随着中国企业"走出去"步伐加快，跨国评估业务数量加速增长，因此，跨国评估业务中，对评估准则的技术需求和中国评估准则的国际认可度提出了更高要求。

2. 对准则专业性要求提升。随着资产评估服务的市场化水平逐步提升，委托方、相关当事方对评估专业服务的内在需求增加。资产评估需要紧跟市场提供满足需求的服务，这使得评估准则对技术的要求增加。

3. 评估对象复杂化。技术的进步，社会的发展，价值需求的增长，使得评估对象日益复杂化。影响资产价值的因素复杂，新的经济社会环境中，影响价值的因素有增多的趋势，如社会贡献已经成为价值变量。这种情况必定会影响评估准则的制定。但是，新的评估实践对评估准则的需求方向不明确，可能会对评估准则产生更多需求，也可能会对评估准则降低需求。伯克夏·哈撒韦公司的副主席查理·芒格（Charlie Munger）曾经说过，"如果谁在考试中给出了互联网企业评估方法，我肯定给他不及格"。这说明，当前的一些评估业务中，是难以遵循固定的行为标准的，灵活的方式正是这种评估业务的准则。

（四）资产评估法的要求

1. 对评估准则体系框架的规定。《资产评估法》对评估准则的制定主体作出规定。根据《资产评估法》的规定，评估准则包括由行政管理部门制定的基本准则和由行业协会制定的执业准则和职业道德准则。现有评估准则体系需要根据《资产评估法》进行调整，职业道德准则调整为行业协会发布。

2. 设定了法定评估业务。法定评估业务中对评估执业主体和评估报告出具有特殊要求。

3. 对评估程序提出了要求。其中对评估方法数量的规定对评估准则内容影响较大。

4. 规定了评估的法律责任。资产评估法规定了评估机构和评估专业人员的法律责任。这无疑增加了评估机构规范执业的压力，也对评估准则提出了更高要求。

(五) 评估行业发展状况

经过多年发展，资产评估行业执业主体差异化更加明显。大型评估机构执业人员几百人，小型评估机构人数刚刚符合法律规定。不同的评估机构在执业能力、业务范围方面存在的差异越来越大，对评估准则的需求差异越来越大。有些评估机构不希望评估准则在原则性要求基础上包含过多操作性要求，以免限制其专业技术的发挥。而也有许多评估机构希望评估准则中尽量包含更多的操作性指引。

二、对评估准则体系的设想

各种影响因素对评估准则体系的要求需要正确对待。

第一，这些因素对评估准则体系的需求，方向不完全一致，有些要求是相互冲突的。如国有资产评估中对评估报告格式的要求，在其他所有制形式的资产评估业务中则不是重要关注点；资产评估法对评估方法的要求，对评估准则的国际趋同形成障碍。

第二，这些因素有的影响准则内容的设计，有的影响准则项目的设置，最终都对评估准则体系框架产生影响。

第三，这些需求可能无法全部和完全满足。因此，评估准则体系设计需要考虑在不同需求中进行选择。

根据以上考虑，资产评估准则体系可以划分板块，各有侧重，各板块满足不同方面的需求。

(一) 遵循基本格局

《资产评估法》已经规定了准则体系的三个主要组成部分，包括基本准则、执业准则和职业道德准则。因此，评估准则体系的设计，需要遵守《资产评估法》的规定。

基本准则和职业道德准则部分余地较小，能够体现资产评估行业特点的内容主要通过合理设计执业准则框架来实现。

（二）执业准则划分板块

执业准则是评估准则体系的主体，承载着各方的希望。准则体系的调整，主要是对执业准则的调整。在现有基本结构维持稳定的基础上，重新规划具体准则、评估指南和指导意见三个部分的职能。

1. 基础板块。基础板块中，包括基本的程序准则和主要的资产类准则。这些准则项目对评估程序和常见资产的评估业务做出了最基本的规定，提出了最低要求。

这个板块的准则需要在专业理念、基本概念方面实现国际趋同，是中国资产评估准则与国际上其他评估准则互通和交流的基础。在国际评估准则全球采用背景中，如果我国资产评估行业认可国际评估准则而全面采用，则可以把国际评估准则原文包含在这个板块中。

本板块的常见资产评估准则需要体现原则性，而非操作性。原则性和操作性的主要差异在于，一个是插旗，一个是划线。插旗只是告诉执业人员一些必经的点，而划线是告诉执业人员具体的路途。此板块的资产类评估准则主要告诉执业人员应该做哪些事，规定评估业务中必做的内容，而不是告诉评估专业人员怎么去做。

2. 主要评估目的准则板块。本板块针对资产评估市场中一些常见的经济行为中涉及的评估业务制定专门的评估准则，如司法涉案目的的评估准则，财务报告目的的评估准则等。

3. 特定监管方板块。这一板块包含的准则项目包括国有资产评估类准则、资本市场评估类准则、各类政策法规文件中要求的评估准则等。

这一板块较为灵活，准则项目之间可以相互独立。凡有新的规定或新的需求，则可以随时启动准则研究制定工作。

本板块中各准则内容以操作性为主，即划线。

这个板块的准则是体现中国特色的准则项目，在准则国际趋同时，可以不包括在内。

这个板块中涉及的评估业务，大多是法定评估业务。

(三) 加大推荐性技术文件的制定

准则的原则性、外部需求的刚性，都对一些评估专业服务中的新业务、新技术、新热点的指导产生局限。这些领域需要及时、专业的指导，而不是侧重于规范。供给侧结构性改革大背景中，资产评估行业的技术供给也需要进行改革。在全面提升资产评估准则专业水平的同时，针对一些特定事项加大技术供给，支持资产评估执业，是行业供给侧结构性改革的重要内容。推荐性技术文件是重要的技术供给载体。

推荐性技术文件内容和格式可以灵活多样，以解决技术问题为目标。按照国际评估准则的做法，技术文件可以体现最佳实践原则，即推荐一些高标准。美国 USPAP 中，技术文件的比重很大，可以借鉴。

技术文件可以体现前瞻性，促进和引领行业服务创新。

三、准则体系的转换

准则体系的调整，可以解决评估准则的针对性、包容性，可以满足国际趋同的需要。现有评估准则体系向新准则体系的转换，需要做好过渡。

(一) 细类资产评估准则的转化

对细类资产的评估技术支持，应该是在基础资产类准则的基础上，提出更加严格的要求，或者推荐有助于提升业务质量的标准，这类技术文件适宜采取推荐性技术文件的形式。现有准则体系中的一些准则项目，如专利、著作权、商标、投资性房地产评估准则等，可以转化为此类技术文件。有特定政策法规规定的，转移到特定监管方板块，如文化企业无形资产评估指导意见。

（二）质量控制准则的转化

质量控制准则单独形成体系，与执业准则和职业道德准则分离，不再作为业务准则，而是转化为评估机构管理规定，即从行为标准转化为主体标准。

（三）需要协调现有政策法规的存废

一些资产评估准则的发布，相关政府部门给予了大力支持和认可，如有些准则项目发布，相关政府部门在政策文件中进行了确认。这些准则项目的调整，需要做好与相关政策文件的协调。如财政部和相关资产管理部门联合发布的准则执行类文件，需要根据具体情况决定是否存续或废止，做好新的接口管理。

（四）评估准则的修订

评估准则的环境在不断变化，执业需求在不断变化，所以准则内容需要及时修订。评估准则修订是保持准则生命力的重要途径。准则修订是一个追求帕累托最优（Pareto Optimality）的过程。帕累托最优是指资源分配的一种理想状态，假定固有的一群人和可分配的资源，从一种分配状态到另一种状态的变化中，在没有使任何人境况变坏的前提下，使得至少一个人变得更好。准则体系的修订也是遵循这种方式，在不降低其他准则项目或内容专业性的情况下，实现某一准则项目或某项内容的提升；在不影响其他利益相关方的情况下，充分考虑一方的需求。

法治和法制中的资产评估准则

国外专业服务的发展经验显示，执业准则的制定或重大突破，内部动力的作用较小，多由重大的执业危机或外部监管力量推动。我国资产评估准则的建设，不是零起步，我们有众多的国际借鉴，没有清晰的内外动力之分，我们的评估准则制定是各方共同努力的结果。当然，这一过程中，强有力的行政管理发挥了重大优势。因此，我国的资产评估准则建设有自己的发展特点。

一、法治和法制对资产评估准则制定发挥了重要作用

根据行业管理方式的不同，行业的执业规范一般由行业协会或政府部门制定。改革开放以来，特别是社会主义市场经济体制建设以来，资产评估专业领域逐步在法制化轨道上运行。党和政府在推动专业服务规范化、法治化发展方面，提供了有力的支持和动力。我国评估行业执业规范经历了由政府制定到行业协会为主制定的演进，准则制定是法制化进程的重要组成部分。

（一）政府部门为行业制定业务规范的时代

资产评估服务起源于国有资产评估。立项确认制下，行业执业规范由政府主导。当时的《资产评估操作规范意见》即由国资局转发。原国资局和原林业部还共同发布《森林资源资产评估技术规范（试行）》。财政部后来发布《资产评估报告基本内容与格式的暂行规定》《资产评估报告基本内容与格式的补充规定》。这一方式解决了我国中介行业自律发展初期执业能力欠缺的问题。

（二）国务院力推评估行业管理方式的转变

《国务院办公厅转发财政部关于改革国有资产评估行政管理方式加强资产评估监督管理工作意见的通知》取消了政府部门对国有资产评估项目的立项确认审批制度，实行核准制和备案制，促进了中介机构和从业人员真正做到独立、客观、公正地执业。2003年，《国务院办公厅转发财政部关于加强和规范评估行业管理意见的通知》进一步明确了政府职能部门、行业协会的职责，实现政府部门角色转换，行业自律提上日程。这种情况下，评估准则建设启动，《国务院办公厅转发财政部关于改革国有资产评估行政管理方式加强资产评估监督管理工作意见的通知》要求"财政部要尽快制定相关配套措施……完善资产评估准则体系……"《国务院办公厅转发财政部关于加强和规范评估行业管理意见的通知》要求"评估行业协会要切实改进对评估机构及执业人员自律性管理，拟定并组织实施评估执业准则和职业道德准则。"

（三）政府通过评估准则实现监管

随着行业自律管理水平的提升和政府职能转变，政府对资产评估业务的管理逐渐固化为通过评估准则实现。这一阶段，《资产评估报告基本内容与格式的暂行规定》《资产评估报告基本内容与格式的补充规定》《资产评估操作规范意见》废止。取而代之，政府部门发布了相应的文件对评估准则予以确认。财政部和银监会发布《关于规范资产管理公司不良资产处置中资产评估工作的通知》,要求资产评估机构和注册资产评估师在执行不良资产评估业务过程中,严格遵守中国资产评估协会发布的《金融不良资产评估指导意见》,规范不良资产评估执业行为。财政部、国家知识产权局发布《关于加强知识产权资产评估管理工作若干问题的通知》,要求资产评估机构从事知识产权评估业务时,应当严格遵循有关的资产评估准则和规范。《企业国有资产评估管理暂行办法》中规定,审核事项包括"评估过程是否符合相关评估准则的规定"。财政部和国家林业局发布《森林资源资产评估管理暂行规定》,规定森林资源资产评估的具体操作程序和方法,遵照资产评估准则及相关技术规范的要求执行。财政部、工业和信息化部、银监会、国家知识产权局、国家工商行政管理总局、国家版权局等发布《关于加强知识产权质押融资与评估管理支持中小企业发展的通知》,要求中国资产评估协会要加强相关评估业务的准则建设和自律监管,促进资产评估机构、注册资产评估师规范执业……要在无形资产评估准则框架下,针对各类知识产权制定具体的资产评估指导意见,形成完整的知识产权评估准则体系。《关于推动国有文化企业把社会效益放在首位、实现社会效益和经济效益相统一的指导意见》直接要求制定《文化企业无形资产评估指导意见》。

二、行业法治和法制存在不协调

市场经济是法治经济,评估行业作为市场经济中的重要参与者,需要遵循法治精神,建设法治行业。但是资产评估准则发展的过程中,法制化明显缺乏法治指导。

(一)法治与法制的关系处理

法治(Rule of Law),是一个法律原则,指在社会中,法律是社会最高的规则,具有凌驾一切的地位,不得轻慢。法治的关键内涵是形成统一的、共同认可并遵守的法律理念。法制（Rule by Law），是指贯彻实施法律的体系，包括法律法规和相关政策规则，是体制与架构的整体。法制侧重在法律的使用上，目的是为人们提供一个寻求公正的平台和框架。法治的实施必须建立在法制上。

法治和法制可以结合，也可以相互脱离。法治与法制结合时，法律是超越一切的权威。法治不存在，或者法制脱离法治时，可能会出现法制模块化，或者出现政府、团体或个人等通过控制法制内涵和进程，以自身意志压制其他相关方意志的情况。

（二）评估行业法治和法制长期不协调

多年来，评估行业法制建设进展较大，取得显著成效，促进了评估行业的规范发展。但法治建设进展不理想，没有一部统揽全局的评估法提供法治基础，导致这一阶段的法制建设缺乏统一的法治精神进行指导。资产评估法发布之前，评估行业现有法律基础散见于国有资产评估管理办法、公司法、证券法等不同的法律法规和规章制度。这些法律基础中的规定，聚焦不足、规定不细，相互协调不够，内容不完整，影响了评估的权威性。有两个明显后果：一是在评估服务市场迅速从国有资产评估扩展开来以后，资产管理的法制建设与评估行业的法制建设不协调，导致市场对评估的需求与评估行业的服务不能很好对接。主要体现在市场对评估结论的不信任和对不同评估专业服务结果的不当使用。二是在评估专业领域迅速细分之后，不同行政管理部门和不同评估专业的法制建设产生一定程度的不协调，甚至相互冲突。这可能是导致产生行业分割、责任冲突以及执业瑕疵等情况的重要原因。这是法治与法制的不协调为评估行业发展带来的障碍。

（三）法治是行业有效发挥作用的基础

2016年7月2日，十二届全国人大常委会审议通过《资产评估法》，进一步推进了评估行业法治进程，并又一次唤醒人们对评估行业法治与法制的关注。资产评估法提出了资产评估的基本概念和要求，对相关管理制度和业务制度的建设做出了原则规定。资产评估准则建设，需要考虑资产评估法环境中行业法治和法制的要求。

从生存角度，评估行业的几个细分专业中，除少数专业外，其他专业在职业分类中已经岌岌可危。在1999年版职业分类大典中，资产评估只属于三级分类，2015年版中，更是将资产评估职业分拆，但资产评估专业服务却已经从最初国有资产管理的重要工作程序演进为社会主义市场经济中不可或缺的专业服务。为充分发挥行业服务功能，满足市场需求，通过法律为行业的生存和发展提供基础，显然是根本性需求。2014年国务院职业资格制度改革后，能够合理维系评估专业服务的重要途径已经非立法莫属。

从规范发展角度，评估服务与市场的对接，各评估专业的对接，仅仅靠法制建设已经较难解决面临的问题，或者说很难及时根据市场的变化做出调整，迫切需要一个法治基础。

三、资产评估准则建设的基本遵循

评估准则是行业的行为规则。资产评估准则建设需要遵循法治精神，也要遵守资产评估行业的法制规矩。法治精神影响着资产评估准则与相关法律法规的关系，以及与其他评估专业的关系。法制规矩影响着资产评估准则与资产评估行业管理制度的关系。

1. 资产评估准则遵循的法治精神。（1）关于市场范围。资产评估法约束的评估行业的市场范围，仅仅是评估业务。评估行业在提供评估业务服务之外，还提供其他形式的价值意见服务或咨询服务。根据资产评估法精神，评估准则只规范评估业务，不涉及其他形式的价值估算业务和咨询服务。（2）关于执业主体。资产评估法规定的评估专业人员范围比此前的范围宽。除具备相应执业资质的人员外，还包括具备相应专业基础的执业人员。资产评估准则此前以师为规范主体。根据资产评估法精神，评估准则的规范主体，资产评估师仅仅是其中之一，评估准则需要规范其他出具资产评估报告的专业评估师和其他评估专业人员的行为。（3）关于法律责任。资产评估法首次规定了资产评估各方当事人的法律责任。资产评估准则的专业理念和对专业责任的要求，应当与资产评估法规定的法律责任相适应，不能过严格，也不能迁就。（4）关于管理框架。资产评估法规定了各专业分别管理的精神。资产评估准则需要体现这一精神，适当表述资产评估师与其他专业评估师。需要资产评估师承担的责任，也需要明确，如签署法定资产评估业务的评估报告需要资产评估师签字。利用专家工作准则中对引用专业报告的相关规定也需要调整。（5）关于与委托方和相关当事方的关系。资产评估法规定了相关当事方的提供评估资料的责任框架，规定了资产评估报告的使用责任框架，规定了违法行为的处罚。资产评估准则中对相关内容的需要体现这些要求。在评估资料提供责任方面，要以资产评估法的规定对资产评估师的核查验证程序、评估报告出具行为等提出要求。

2. 资产评估准则遵循的法制规矩：（1）关于准则的具体内容。资产评估准则要体现资产评估法对评估程序实施和评估报告内容的要求。包括评估程序名称、评估方法运用、执业回避、评估报告签字等要求。（2）关于与财政监督管理办法的协调。资产评估准则要与财政部门制定的资产评估法相关制度的要求一致。（3）关于准则制定方式。《资产评估法》规定，行政管理部门制定基本准则、行业协会制定执业准则和职业道德准则。根据《资产评估法》，评估准则包含三个部分，分别由财政部和中国资产评估协会制定，资产评估准则体系需要据此做出相应调整。（4）关于准则项目。《资产评估法》规定了法定评估业务，这些评估业务涉及的评估准则，必须包括在评估准则体系中，其他非法定评估业务的准则，可根据需要制定。与此相适应，资产评估准则体系中现有许多准则项目，可有可无。（5）关于国际协调。资产评估法对评估准则的规定，限定了评估准则的选用范围。因此，评估准则要达到国际协调、趋同、采用，必须考虑这一因素。

总之，我国资产评估准则的产生和发展，与行业的法治和法制密切相关。行业的生存和发展，需要法治。行业的法治，需要与法制相协调。从世界范围内评估与其他相关专业分工角度看，中国的评估行业独立专业形象比较明显，具有自身鲜明的特色，行业法治和法制环境中的评估准则建设也需要有自己的创新之路，这是发展中国特色评估行业必须处理好的矛盾。

从制定估值报告准则的提议想到的

多次和评估师朋友谈起制定估值报告准则的事。估值报告也是一种价值估算报告，主要服务于境外国有资产管理和上市公司并购重组，目前没有明确的格式与内容方面的行业标准。在现有国有资产管理和资本市场监管框架下，资产评估机构出具估值报告，有现实需求。制定相应的估值报告准则，通过披露要求倒逼操作过程规范化，是规范资产评估机构执行估值业务的一种较好方式。资产评估行业以十多年评估准则制定经验为基础，制定一项估值报告准则，并非难事。但估值报告准则的制定有许多值得考虑的因素，而且对现有资产评估准则体系有影响。

一、估值报告的由来

估值是资本市场使用比较普遍的术语。在部分法规文件中也有提及。有些法规文件将估值与评估并列。

《中央企业境外国有产权管理暂行办法》第10条规定，中央企业及其各级子企业独资或者控股的境外企业在境外发生转让或者受让产权、以非货币资产出资、非上市公司国有股东股权比例变动、合并分立、解散清算等经济行为时，应当聘请具有相应资质、专业经验和良好信誉的专业机构对标的物进行评估或者估值，评估项目或者估值情况应当由中央企业备案；涉及中央企业重要子企业由国有独资转为绝对控股、绝对控股转为相对控股或者失去控股地位等经济行为的，评估项目或者估值情况应当报国资委备案或者核准。中央企业及其各级子企业独资或者控股的境外企业在进行与评估或者估值相应的经济行为时，其交易对价应当以经备案的评估或者估值结果为基准。

2014年，证监会发布修订后的《上市公司重大资产重组管理办法》。该办法第20条规定，重大资产重组中相关资产以资产评估结果作为定价依据的，资产评估机构应当按照资产评估相关准则和规范开展执业活动；上市公司董事会应当对评估机构的独立性、评估假设前提的合理性、评估方法与评估目的的相关性以及评估定价的公允性发表明确意见。相关资产不以资产评估结果作为定价依据的，上市公司应当在重大资产重组报告书中详细分析说明相关资产的估值方法、参数及其他影响估值结果的指标和因素。上市公司董事会应当对估值机构的独立性、估值假设前提的合理性、估值方法与估值目的的相关性发表明确意见，并结合相关资产的市场可比交易价格、同行业上市公司的市盈率或者市净率等通行指标，在重大资产重组报告书中详细分析本次交易定价的公允性。《公开发行证券的公司信息披露内容与格式准则26号——上市公司重大资产重组》（2014年修订）第24条规定："重大资产重组中相关资产以资产评估结果或估值报告结果作为定价依据的，应当至少披露以下信息……"

这些法规文件引入了估值机构和估值报告，而且估值机构和估值报告与资产评估机构和资产评估报告并列，发挥着相同的功能。对估值报告准则的讨论，主要指向证券市场的估值业务。

二、"评估"与"估值"的差异

评估、估值、估价等词,在价值评估领域具有相同的基本含义,英文中也都使用相同的单词(Valuation)。在国内,不同专业机构使用不同的翻译方式。实践中,因行政管理方式不同,这些词的实际含义有细微的区别。其中,评估和估值既有相同点也有区别。

（一）相同点

资产评估机构提供的资产评估服务与财务顾问提供的估值服务有着相同的理论基础,资产评估常用的三种基本方法：收益法、市场法和成本法,与估值服务常用的现金流折现法、可比公司法和重置成本法也是基本对应。

（二）区别

除了执业主体不同外,估值报告和评估报告到底区别在哪里？实践中,由于行政管理的需要,人为地将评估和估值进行了区分。从执业范围看,国有资产的交易,受相关法规的约束,通常以评估服务为主。非国有资产的交易,或者法律法规没有明确规定的,评估和估值均可提供服务。实践中,评估和估值的区别主要包括：

1. 职责定位不同。资产评估是为企业改制设立股份公司,以非货币资产对外投资、偿还债务,企业合并、分立、破产,国有股东股权比例变动,上市公司并购重组涉及的标的资产等事项提供价值参考依据。资产评估的职责在于坚持独立、客观、公正的工作原则,诚实守信地对资产价值进行分析、估算并发表专业意见,以维护社会公共利益和资产评估各方当事人合法权益的需要。因此,资产评估的收费也不以交易等经济行为目的是否达成作为收费依据。估值服务主要是为股票发行、私募融资、并购重组、项目投资等提供定价建议。财务顾问机构提供估值服务的目的在于促进双方交易等经济行为的达成,督促并购重组活动的相关当事人自我约束、自觉规范运作并维护市场秩序,实践中其收费存在以成交额作为收费依据的情况。

2. 执业标准不同。资产评估的执业标准为资产评估准则。资产评估准则对评估业务的操作程序和评估报告披露内容等进行规范和指导。估值服务目前尚未形成健全的执业规范体系。《公开发行证券的公司信息披露内容与格式准则 26 号——上市公司重大资产重组》对估值服务有规范作用,但针对性不强。《上市公司并购重组财务顾问业务管理办法》等规范文件重在对财务顾问机构管理和估值项目管理,对估值服务的业务指导较弱。

3. 行业管理模式不同。资产评估的管理主要是由两大部分组成,一部分是行政管理,另一部分是行业协会的自律管理。行政管理职能在财政部,其职责主要是制定评估机构和业务监管制度,改善评估环境,指导监督评估协会工作等。中国资产评估协会对行业实施自律管理。财务顾问的管理则主要为中国证监会的行政管理和项目管理,自律管理相对薄弱。

总体来说,资产评估长期服务于国企改革和企业改制,执业经验丰富,且拥有较为健全的管理体制、执行标准,服务质量有保证。国内的估值服务虽然也存在了很长时间,而且处于快速成长期,但自律监管和执行标准有待进一步完善。

三、实务中资产评估机构对估值报告的偏好

由于证监会《上市公司重大资产重组管理办法》中对估值机构没有做出明确限定,因此,评估机构也可以出具估值报告。从执业历史看,2014 年管理办法修订前,提供价值意见的机构为资产评估机构,出具的报告为资产评估报告。从执业惯性角度考虑,资产评估机构也往往优先考虑执行资产评估业务,出具资产评估报告。

监管方和评估报告使用者也对资产评估机构抱有资产评估期望。但实务中，许多重大重组业务中，资产评估机构也开始考虑出具估值报告，且逐渐成为趋势。至于为什么会形成这种趋势，没有统一的结论。

1. 因为估值业务容易执行？从正常的逐易避难的逻辑分析，既然评估机构愿意出具估值报告，则可以推断认为估值业务比评估业务容易，或者说估值业务所受约束比评估业务所受约束少。但问题是估值报告真的容易出具吗？未必。估值业务也是一种专业服务行为，也需要履行应有的收集资料、调查、分析、估算等程序，并不比资产评估业务专业性差。况且，专业服务领域，操作层面的简单与复杂的关系，难与易的关系，不是绝对的，是与专业能力有关的。如果具备相应的专业能力，评估业务和估值业务都是容易的。

2. 因为逃避行业监管？资产评估机构出具估值报告，是一种咨询性质的业务，可以不遵守资产评估准则。根据资产评估法和资产评估行业行政监督管理办法的规定，估值报告不受资产评估行业行政监管，也没有明确的依据把估值报告列为自律监管目标。估值报告的执业责任由资产评估机构承担而非评估专业人员承担。从这一点分析，好像评估机构和人员都有出具估值报告的冲动。但从评估机构和评估专业人员反馈的信息可以知道，评估机构和评估专业人员还是希望协会制定相应的估值准则，规范估值业务。因此，并不是逃避监管。

3. 评估准则限制了评估机构为重大资产重组提供服务？有一种声音认为评估准则对评估程序的规定较为繁琐，限制了评估机构在重大资产重组业务中的竞争力。但是，评估准则对评估程序的规定，目的都是防范重大执业风险，是评估业务必需的步骤，不应当视为执业的障碍。另一方面，我们也看到，有些评估机构出具的估值报告中，也声明参照了资产评估准则。这说明，评估准则的规定，仍然是价值估算服务的风向标，并不是评估机构服务重大资产重组的障碍。

四、资产评估准则能否满足估值业务需要

国际上与价值估算相关的执业理念、专业技术、专业规则都基本定型,大致统一。中国资产评估准则经过多年建设,已经形成完备的体系,并且实现了与国际评估准则趋同。和国际上对价值估算专业服务的规范思路一样,我国资产评估准则体系规定了基本的执业程序,这些执业程序是控制执业风险所必需的,是最低要求。我国资产评估准则体系规定了基本的评估方法,这些评估方法与国际通行做法一致,与各细分价值估算领域的做法一致,都是市场法、收益法、成本法三种基本方法。我国的资产评估准则体系设置了价值类型框架,有助于评估师针对不同经济行为,合理分析评估对象应有的经济作用,精准地确定适当的价值类型,合理发现评估对象在既定评估目的中的价值。我国的资产评估准则体系,对执业过程中的利用专家工作、工作底稿编制、委托合同签订、评估计划编制、业务质量控制都做出了规定,有助于提升评估机构防控执业风险的能力。我国的资产评估准则体系对评估报告的基本内容做了基础性规定,保证评估报告使用人通过评估报告合理理解评估结论,在此基础上,为评估机构自由增加评估报告内容、自由决定详略程度、自由决定评估报告格式留足的空间。从这些方面分析,我国的资产评估准则,既能用于出资目的评估业务,也能用于并购目的评估业务,还能用于抵押目的评估业务;既能用于评估市场价值,也能用于评估投资价值,还能用于评估在用价值;既能用于评估企业价值,也能用于评估单项资产价值,还能用于评估无形资产价值。

既然两种专业服务都能满足重大资产重组业务监管需要,说明两项业务的性质没有太大区别。发现和测量价值,具有相同的规律,评估准则体系能服务于资产评估业务,那么也就可以认为能够服务于估值业务。

当然,如果资产评估准则限制了资产评估机构执业能力的发挥,

或者有部分评估机构根据评估准则仍然不能从事估值业务，则需要修改的是评估报告准则或其他评估准则，或者需要提升评估机构执业能力。这样比另起炉灶制定新的估值准则更加符合执业需求。

五、制定估值准则后的影响

如果将各主要的出具价值意见的业务统一名称，则会避免许多执业方面的交叉和管理方面的困难。这个名称可以叫资产评估，也可以叫作其他名称，只要统一即可。但《资产评估法》终于未能实现这一愿望。我们只能在资产评估法的框架中，对称作资产评估的业务进行规范和管理。至于以其他名义进行的价值估算业务，则由市场优胜劣汰。这是改革的趋势。

正是这个趋势，需要我们在考虑评估准则体系时，划定一个界限。目前的资产评估执业标准体系，只分了两类，资产评估类和其他咨询类。资产评估类是价值估算标准，其他咨询类是价值估算以外的标准。目前，资产评估行业执业规范中，价值估算业务的资产评估准则体系已经完备，是强制执行的。咨询类业务的执业标准正在建设，供评估机构执业时参考，例如，2014年发布的《财政支出（项目支出）绩效评价操作指引》，2016年发布的《PPP项目资产评估和咨询业务操作指引》。这些执业标准针对价值估算以外的咨询业务，与资产评估准则没有冲突。即便《PPP项目资产评估和咨询业务操作指引》中涉及资产价值评估，但其操作要求也是以资产评估准则为基准，没有另行设置标准。也就是说，就资产评估行业的价值估算类业务而言，资产评估准则目前是唯一的执业标准。

制定估值报告准则是可以的，至少是阶段性合理的，现阶段有实践需求。但也需要考虑一种情况，那就是如果因为实践中有估值报告需求，就制定估值报告准则，还会不会有其他类似的价值估算类报告出现，如资产评价报告、资产评值报告、价值估算报告、价格评估报告等。如果为出具这些报告的行为都制定准则，这对目前的资产评估

第五部分 资产评估准则发展

行业执业规范体系是一个扩展，即，在资产评估准则体系和非价值估算业务标准体系之外，又加入一个非资产评估的价值估算类标准体系。这个标准体系，以估值准则为起点，可能还会有评价准则、估算准则等任何可以想出的名字。

如果建设这样的执业标准体系，则需要保证这些准则的专业思路、技术要求等与资产评估准则的标准一致。如果不一致，我们就违背了价值发现规律，因为同一评估对象在同一经济行为中的价值，无论以什么专业身份去评估、评价、估值，结论都应该是一致的。如果不一致，评估师的执业行为可能不是规范了，而是更加混乱了。

第六部分

附 录

资产评估准则建设大事记

2001年7月23日,财政部发布《资产评估准则——无形资产》。《资产评估准则——无形资产》针对无形资产评估业务特别是资本市场无形资产评估业务中存在的突出问题,就无形资产评估的基本要求、评估要求和披露要求做出了规定,对于规范我国无形资产评估的发展,维护资本市场秩序,促进市场经济健康发展有着十分重要的意义。《资产评估准则——无形资产》是中国资产评估行业第一项资产评估准则,揭开了中国资产评估行业执业规范建设新篇章,开启了资产评估准则建设的伟大征程。

2001年12月31日,国务院办公厅发布《国务院办公厅转发财政部〈关于改革国有资产评估行政管理方式加强资产评估监督管理工作意见〉的通知》,取消政府部门对国有资产评估项目的立项确认审批制度,实行核准制和备案制,促进中介机构和从业人员真正做到独立、客观、公正地进行资产评估,完善制度建设、规范评估秩序。通知中要求财政部要尽快制定相关配套措施,建立评估项目的核准、备案、抽查制度,完善资产评估准则体系,强化对违法违规行为的处罚制度,以进一步规范评估程序和执业行为。

2002年11月15日,中国注册会计师协会(中国资产评估协会)发布《资产评估准则相关问题研究》(行业发展研究资料 No.2002-4)对资产评估准则制定背景、形势、困难和任务进行了深入分析,有力支持了资产评估准则体系规划和当前的评估准则制定工作。

2003年1月28日,中国注册会计师协会(中国资产评估协会)发布《注册资产评估师关注评估对象法律权属指导意见》。指导意见针对资产评估业务中评估对象法律权属界定责任不明确、注册资产评估师不当发表法律权属意见等情况,指导注册资产评估师合理关注评估对象法律权属,促进明确执业责任、防范执业风险。

2003年1月28日,中国资产评估协会发布《珠宝首饰评估指导意见》。指导意见参照国际通行的珠宝首饰价值评估标准,对国内珠宝首饰价值评估人员的执业行为进行了规范。

2003年2月22日,中国注册会计师协会(中国资产评估协会)发布《资产评估准则——评估程序》《资产评估准则——工作底稿》《资产评估准则——评估报告》3项资产评估准则征求意见稿。征求意见稿在规范评估程序履行、工作底稿编制管理和评估报告基本事项的同时,对评估程序受限情况下评估业务终止、替代程序、评估报告分类等内容做出了详细规定,是资产评估准则对评估专业操作的重大尝试。

2003年12月19日,国务院办公厅发布《国务院办公厅转发财政部〈关于加强和规范评估行业管理意见〉的通知》,进一步明确了政府职能部门、行业协会的职责,要求评估行业协会切实改进对评估机构及执业人员自律性管理,拟定并组织实施评估执业准则和职业道德准则,加强各项自律性管理制度的建设,组织开展对评估机构和执业人员执业质量的监督检查,大力推动评估行业诚信建设,建立完善有效的行业自律管理约束机制,对违反评估执业准则和职业道德准则的机构和人员进行处罚。

2004年2月25日,财政部发布《资产评估准则——基本准则》和《资产评估职业道德准则——基本准则》。两项基本准则以规范性文件形式，确立了评估准则体系的法律地位，建立了评估准则的指导思想、基本理念，科学定义了相关的基本概念，搭建了评估业务的责任体系，提出了基本的职业道德要求。

2004年12月30日，中国资产评估协会发布《企业价值评估指导意见（试行）》。指导意见吸收了国内外企业价值评估理论和实践的最新成果，合理界定了企业价值内涵，为资产评估行业服务企业并购和产权交易提供了及时的专业支持，有力推动了企业价值评估业务成为资产评估行业的特色业务和核心业务。

2005年3月21日，中国资产评估协会发布《金融不良资产评估指导意见（试行）》，规范金融不良资产评估业务。指导意见首次对价值类型及其定义、评估结论区间值、评估业务划分等做出规定，为资产评估准则建设做出了理论尝试。指导意见在保护金融资产安全、服务金融体制改革和保证金融不良资产处置工作的顺利进行发挥了重要作用。指导意见的制定过程中，四大资产管理公司全程密切参与，开创了评估报告使用者参与评估准则制定的先河。

2007年11月9日，中国资产评估协会发布《以财务报告为目的的评估指南（试行）》。指南的发布，对引导和指导评估行业参与会计公允价值计量，拓展业务领域具有重要意义。

2007年11月28日，中国资产评估协会发布《资产评估准则——评估报告》《资产评估准则——评估程序》《资产评估准则——业务约定书》《资产评估准则——工作底稿》《资产评估准则——机器设备》《资产评估准则——不动产》和《资产评估价值类型指导意见》等7项资产评估准则。这些评估准则的发布，对于规范相关评估程序，服务特定类型资产的评估业务具有重要指导意义。这些评估准则发布后，我国资产评估准则体系中各层次主要准则都已发布，准则体系初步建立。

2007年11月28日，财政部、中国资产评估协会在人民大会堂召开"中国资产评估准则体系发布会"，发布了资产评估准则体系。在资产评估准则体系框架中，分为业务准则和职业道德准则两个部分。业务准则分基本准则、具体准则、评估指南和指导意见四个层次。职业道德准则包括基本准则和具体准则两个层次。来自政府有关部门、企业、行业组织、评估界及有关国际及国家评估组织的代表400余人参加会议。

2008年11月28日，中国资产评估协会发布《资产评估准则——无形资产》。无形资产评估准则总结了2001年财政部发布的《资产评估准则——无形资产》实施情况，贯彻落实2008年6月国务院发布的《国家知识产权战略纲要》要求，反映了《公司法》《商标法》《著作权法》《拍卖法》《破产法》《物权法》等法律法规的新要求，加强了与资产评估准则体系中其他评估准则的协调，对进一步规范无形资产评估行为，有效维护各方当事人的合法权益，明确各方责任，促进资产评估行业更好地服务于创新型国家发展战略具有重要意义。财政部此后废止了2001年7月23日发布的《资产评估准则——无形资产》。

2008年11月28日，中国资产评估协会发布《专利资产评估指导意见》。指导意见在无形资产评估准则基本要求的基础上，针对专利资产的特点对专利资产评估提供指导。

2008年11月28日，中国资产评估协会发布《企业国有资产评估报告指南》。该指南在评估报告准则基本要求的基础上，服务于国有资产评估项目管理，对企业国有资产评估报告的格式和内容做出的具体规定。

2009年4月，中国资产评估协会在江苏、福建、广东、江西、厦门、湖南、湖北、重庆、四川、贵州10省市开展《企业价值评估指导意见（试行）》《资产评估准则——机器设备》和《资产评估准则——不动产》3项实体性资产评估准则实施情况调研。通过调研，了解资产评估准则的实施效果、存在的问题、评估准则制定建议，对新阶段评估准则制定工作具有重要的促进作用。

2009年12月18日，中国资产评估协会发布《资产评估准则——珠宝首饰》。《资产评估准则——珠宝首饰》总结了《珠宝首饰评估指导意见》的实施经验，吸收了珠宝首饰评估最新的相关理论和实践成果，加强了与相关评估准则的协调，有助于珠宝首饰评估业务质量的提升。

2009年12月18日，中国资产评估协会发布《投资性房地产评估指导意见（试行）》。《投资性房地产评估指导意见（试行）》的发布，是以财务报告为目的的评估准则建设中又一重要成果，有利于评估行业更加高质量地为会计计量服务。

2010年12月18日，中国资产评估协会发布《金融企业国有资产评估报告指南》。该指南与《企业国有资产评估报告指南》一起，在服务国有资产评估项目管理方面发挥了重要作用。

2010年12月18日，中国资产评估协会发布《评估机构业务质量控制指南》。《评估机构业务质量控制指南》首先在证券评估机构开始实施，对规范证券评估业务，促进资本市场健康发展产生了积极影响，对全国评估机构的质量控制产生了示范和带动作用。

2010年12月18日，中国资产评估协会发布《著作权资产评估指导意见》。指导意见对于有效指导著作权资产评估执业行为，保证执业质量，推进版权的创造、交易、使用和管理，促进文化创意产业发展，具有十分重要的意义。

2011年12月30日，中国资产评估协会修订《企业价值评估指导意见（试行）》，发布《资产评估准则——企业价值》。修订后的企业价值评估准则由指导意见层次调整到具体准则层次。修订后，企业价值评估准则在整体框架、相关术语、披露内容等方面实现了与其他评估准则的协调；对市场法、收益法等评估方法的具体运用提出较细的要求；对关注控制权和流动性溢折价提出明确要求；更加关注财务信息和盈利预测信息的可靠性；对于多元化经营的企业，要求按业务单元进行分析；评估结论可以按"定性和定量分析"的方式形成；根据监管部门的要求对评估报告披露的内容进行梳理。企业价值评估准则修订后，实体性准则层次实现了企业价值、机器设备、无形资产、不动产和珠宝首饰等主要一级资产的全覆盖，完善了准则体系。

2011 年 12 月 30 日，中国资产评估协会发布《商标资产评估指导意见》。指导意见适应国家知识产权战略和文化强国战略的实施，针对商标保护、转让、许可交易有关经济行为增多的趋势，对商标资产评估业务提供指导，对于促进资产评估行业更好地服务知识产权战略的实施和文化产业的发展具有重要意义。

2011 年 12 月 30 日，中国资产评估协会发布《实物期权评估指导意见（试行）》。指导意见创新了评估方法的运用，有助于指导注册资产评估师执行评估业务时合理分析高科技企业和无形资产等特殊收益形式资产的价值，特别是文化产业中相关资产的价值，提升行业服务质量，服务市场需求。

2011 年 12 月 30 日，中国资产评估协会发布《中国资产评估协会关于修改评估报告等准则中有关签章条款的通知》。将《资产评估准则——评估报告》《资产评估准则——业务约定书》《企业国有资产评估报告指南》和《金融企业国有资产评估报告指南》中有关签章条款进行修订，相关准则重新发布。签字和盖章制度的修订是贯彻落实《资产评估机构监督管理办法》（财政部第 64 号令）允许分支机构出具评估报告规定的重要举措，既适应评估机构做大做优做强的需求，方便执业，又可以合理界定执业责任，满足了执业质量管理的需求。

2012 年 5 月，中国资产评估协会集中开展资产评估准则答疑工作，整理形成《资产评估准则答疑汇编》，促进评估师更好地理解和执行准则。

2012 年 5 月，中国资产评估协会翻译出版了《国际评估准则 2011》中文译本。中文版国际评估准则的出版，有助于促进我国资产评估界对国际评估准则的研究，便利中国资产评估准则与国际评估准则趋同。

2012 年 12 月 28 日，中国资产评估协会发布《资产评估准则——利用专家工作》。准则对不同类型利用专家工作有针对性地提供了指导，有助于规范实务操作；对评估行业特有的引用专业报告工作提出指引，有助于合理界定执业责任、防范执业风险。

2012 年 12 月 28 日，中国资产评估协会发布《资产评估准则——森林资源资产》。准则对森林资源资产评估对象界定、实物量核查、评估程序履行等内容做出了规定，对于资产评估行业服务国家林权制度改革具有重要意义。

2012 年 12 月 28 日，中国资产评估协会发布《资产评估职业道德准则——独立性》。准则为法定评估业务中评估机构和评估师判断利益冲突和采取补救措施提供了具体指导，为监管提供了技术支持。独立性准则是第一项职业道德具体准则，开启了职业道德具体准则制定工作进程。

2013 年 9 月 16 日，英文版中国资产评估准则 Chinese Valuation Standards 2013 全球出版发行。该书收录了中国资产评估行业正在实施的 26 项资产评估准则，在专业层面完整、系统、全面地呈现了中国评估准则的建设成果，为评估行业国际沟通与合作提供了一块通用语言"基石"。该书的全球出版发行，有助于国际评估界更方便、直接地了解中国评估准则创新性成果，提升中国评估行业的专业形象；有助于分享中国评估准则制定经验，促进全球评估准则建设和研究；有助于境外企业和投资者更清晰地对中国资产评估服务的专业性与公正性进行判断，促进中国经济进一步对外开放。

2015 年 2 月 9 日，中国资产评估协会发布《关于征求中国资产评估准则条款修改意见的通知》，就两项基本准则之外的 26 项评估准则的具体条款通过地方协会向评估机构和评估师征求准则具体条款的意见，标志着评估准则全面修订工作启动。本次征求意见在现有评估准则体系框架的基础上，旨在对评估准则条款进行修补。

2015 年 12 月 31 日，中国资产评估协会发布《知识产权资产评估指南》。指南聚焦知识产权资产评估服务的典型经济行为，对知识产权资产评估在具体经济行为中需要考虑的价值影响因素进行了深入挖掘，提出了具体的操作指导。指南的发布，对于提升资产评估行业服务知识产权具体经济行为的能力，从专业角度助力知识产权资产的价值发现、价值衡量和价值提升，服务国家知识产权战略具有重要意义。

2016 年 3 月 30 日，中国资产评估协会发布《文化企业无形资产评估指导意见》。该指导意见突出强调了社会效益对文化企业无形资产价值的影响，较好地解决了文化企业无形资产识别难、评估难的问题，有利于推动文化企业改革和文化市场建设。至此，资产评估准则体系中准则项目达到 28 项。

2016 年 7 月 2 日，《中华人民共和国资产评估法》经十二届全国人大常委会第二十一次会议审议通过，自 2016 年 12 月 1 日起施行。这是我国社会主义市场经济法律体系建设的一项重要成果，是资产评估行业发展的一个重要里程碑，标志着我国资产评估行业进入了依法治理的新时代。资产评估法明确了评估准则法律地位，规定了评估准则制定机制。资产评估法中评估程序、评估方法、法律责任等方面的规定，对评估准则的制定提出了更高要求。为贯彻落实资产评估法精神，财政部和中国资产评估协会在资产评估准则修订过程中与资产评估法相关规定进行了全面对接。

2017 年 4 月 21 日，财政部制定印发了《资产评估行业财政监督管理办法》。该办法根据资产评估法的要求，明确了财政部门和资产评估行业协会的资产评估准则制定职责，要求资产评估机构和资产评估专业人员遵守资产评估准则，规定了监督检查时认定虚假资产评估报告和重大遗漏资产评估报告应当以资产评估准则为依据。86 号令进一步确立了资产评估准则在行业执业和监管中的基础地位。

2017 年 8 月 23 日，为贯彻落实《资产评估法》"评估行政管理部门制定资产评估基本准则"的要求，财政部在修订 2004 年发布的《资产评估准则——基本准则》和《资产评估职业道德准则——基本准则》基础上，发布了《资产评估基本准则》。《资产评估基本准则》根据《资产评估法》等法律法规规定，结合业务监管新要求，吸收了评估实践、评估理论新成果，对财政部门管理的资产评估业务的基本概念、基本原则、胜任能力、遵纪守法、职业道德、评估程序、信息披露和档案管理等做出了规定,进一步夯实了资产评估行政管理基础,对于规范资产评估行为,保护资产评估当事人的合法权益,维护公共利益具有重要意义。《资产评估基本准则》按照资产评估法的规定,明确了资产评估准则体系包括资产评估基本准则、资产评估执业准则和资产评估职业道德准则。

2017年9月8日,中国资产评估协会发布了修订后的25项资产评估执业准则和职业道德准则。新发布的准则在保持资产评估准则内容基本稳定的基础上,与资产评估法精神实现了对接,吸收了理论和实践和最新成果,进一步考虑了监管需求,保持了专业理念的国际趋同,准则内容的专业性进一步提升。全面修订后,资产评估准则体系包含评估准则项目共27项。

中国资产评估准则名录

类型	修订前 准则名称	修订后 准则名称	类型
基本准则	资产评估准则——基本准则	资产评估基本准则	基本准则
	资产评估职业道德准则——基本准则	资产评估职业道德准则	职业道德准则
	资产评估职业道德准则——独立性		
程序类具体准则	资产评估准则——评估报告	资产评估执业准则——资产评估报告	程序类具体准则
	资产评估准则——评估程序	资产评估执业准则——资产评估程序	
	资产评估准则——业务约定书	资产评估执业准则——资产评估委托合同	
	资产评估准则——工作底稿	资产评估执业准则——资产评估档案	
	资产评估准则——利用专家工作	资产评估执业准则——利用专家工作及相关报告	
实体类具体准则	资产评估准则——企业价值	资产评估执业准则——企业价值	实体类具体准则
	资产评估准则——无形资产	资产评估执业准则——无形资产	
	资产评估准则——不动产	资产评估执业准则——不动产	
	资产评估准则——机器设备	资产评估执业准则——机器设备	
	资产评估准则——珠宝首饰	资产评估执业准则——珠宝首饰	
	资产评估准则——森林资源资产	资产评估执业准则——森林资源资产	

续表

类型	修订前 准则名称	修订后 准则名称	类型
评估指南	企业国有资产评估报告指南	企业国有资产评估报告指南	评估指南
	金融企业国有资产评估报告指南	金融企业国有资产评估报告指南	
	知识产权资产评估指南	知识产权资产评估指南	
	以财务报告为目的的评估指南（试行）	以财务报告为目的的评估指南	
	评估机构业务质量控制指南	资产评估机构业务质量控制指南	
指导意见	资产评估价值类型指导意见	资产评估价值类型指导意见	指导意见
	注册资产评估师关注评估对象法律权属指导意见	资产评估对象法律权属指导意见	
	专利资产评估指导意见	专利资产评估指导意见	
	著作权资产评估指导意见	著作权资产评估指导意见	
	商标资产评估指导意见	商标资产评估指导意见	
	金融不良资产评估指导意见（试行）	金融不良资产评估指导意见	
	投资性房地产评估指导意见（试行）	投资性房地产评估指导意见	
	实物期权评估指导意见（试行）	实物期权评估指导意见	
	文化企业无形资产评估指导意见	文化企业无形资产评估指导意见	

国际评估准则名录
（2017 版）

引言 Introduction

术语表 Glossary

国际评估准则框架 IVS Framework

基本准则 General Standards

 国际评估准则 101：工作范围 IVS 101 Scope of Work

 国际评估准则 102：调查和遵守准则 Investigations and Compliance

 国际评估准则 103：评估报告 Reporting

 国际评估准则 104：价值类型 Bases of Value

 国际评估准则 105：评估方法 Valuation Approaches and Methods

资产类准则 Asset Standards

 国际评估准则 200：企业和企业权益 IVS 200 Business and Business Interests

 国际评估准则 210：无形资产 Intangible Assets

 国际评估准则 300：厂场设备 Plant and Equipment

 国际评估准则 400：不动产权益 IVS 400 Real Property Interests

 国际评估准则 410：开发性不动产 Development Property

 国际评估准则 500：金融工具 Financial Instruments

索引 Index

美国评估准则名录
（2018~2019 版）

定义　　　　　　　　　DEFINITIONS
引言　　　　　　　　　PREAMBLE
职业道德规定　　　　　ETHICS RULE
档案保存规定　　　　　RECORD KEEPING RULE
能力规定　　　　　　　COMPETENCY RULE
工作范畴规定　　　　　SCOPE OF WORK RULE
因法律导致例外的规定　JURISDICTIONAL EXCEPTION RULE

准则和准则条款 Standards and Standards Rules

  准则1：不动产评估 STANDARD 1：REAL PROPERTY APPRAISAL, DEVELOPMENT

  准则2：不动产评估报告 STANDARD 2：REAL PROPERTY APPRAISAL, REPORTING

  准则3：评估复核 STANDARD 3：APPRAISAL REVIEW, DEVELOPMENT

  准则4：评估复核报告 STANDARD 4：APPRAISAL REVIEW RE-

PORTING

准则5：批量评估 STANDARD 6：MASS APPRAISAL，DEVELOPMENT

准则6：批量评估报告 STANDARD 6：MASS APPRAISAL，REPORTING

准则7：动产评估 STANDARD 7：PERSONAL PROPERTY APPRAISAL，DEVELOPMENT

准则8：动产评估报告 STANDARD 8：PERSONAL PROPERTY APPRAISAL，REPORTING

准则9：企业价值评估 STANDARD 9：BUSINESS APPRAISAL，DEVELOPMENT

准则10：企业价值评估报告 STANDARD 10：BUSINESS APPRAISAL REPORTING

咨询意见 AO
- 适用于不动产　　　Real Property – RP
- 适用于动产　　　　Personal Property – PP
- 适用于无形资产（包括企业权益） Intangible Property – IP (includes business interests)
- 适用于所有资产　　All disciplines – ALL

AO 1 历史销售记录 Sales History（RP）

AO 2 评估对象勘查 Inspection of Subject Property（RP，PP）

AO 3 以往评估的更新 Update of a Prior Appraisal（ALL）

AO 4 关于规则1-5（b）Standards Rule 1-5（b）（RP）

AO 5 评估工作中的助理人员（已废止）Assistance in the Preparation of an Appraisal – Retired

AO 6 评估复核的功能（已废止）The Appraisal Review Function – Retired

第六部分 附 录

AO 7　市场营销时间的确定 Marketing Time Opinions（RP，PP）

AO 8　不动产评估中的市场价值与公允价值（已废止）Market Value vs. Fair Value in Real Property Appraisals – Retired

AO 9　可能受环境污染的不动产的评估 The Appraisal of Real Property That May Be Impacted by Environmental Contamination（RP）

AO 10　评估师与委托方之间的关系（已废止）The Appraiser – Client Relationship – Retired

AO 11　准则2-2、8-2和10-2中两种评估报告类型的内容 Content of the Appraisal Report Options of Standards Rules 2 – 2 and 8 – 2（RP，PP）

AO 12　准则2-2、8-2和10-2中两种评估报告类型的应用 Use of the Appraisal Report Options of Standards Rules 2 – 2 and 8 – 2（RP，PP）

AO 13　如何按照 USPAP 的规定对抵押不动产进行评价 Performing Evaluations of Real Property Collateral to Conform with USPAP（RP）

AO 14　福利性住宅的评估 Appraisals for Subsidized Housing（RP）

AO 15　背离条款在受限评估中的运用（已废止）Using the DEPARTURE RULE in Developing a Limited Appraisal – Retired

AO 16　公平住房法与评估报告内容 Fair Housing Laws and Appraisal Report Content（RP）

AO 17　规划开发的不动产的评估 Appraisals of Real Property with Proposed Improvements（RP）

AO 18　自动评估模型（AVM）的应用 Use of an Automated Valuation Model（AVM）（ALL）

AO 19　不动产评估业务不能接受的前提条件 Unacceptable Assignment Conditions in Real Property Appraisal Assignments（RP）

AO 20　包含复核人员价值意见的评估复核业务 An Appraisal Review Assignment That Includes the Reviewer's Own Opinion of Value

265

（ALL）

AO 21 USPAP 的遵守 USPAP Compliance（ALL）

AO 22 不动产市场价值评估的工作范围 Scope of Work in Market Value Appraisal Assignments，Real Property（RP）

AO 23 不动产评估中明确评估对象相关属性 Identifying the Relevant Characteristics of the Subject Property of a Real Property Appraisal Assignment（RP）

AO 24 业务操作的常规流程 Normal Course of Business（RP，PP）

AO 25 确认联邦权益交易委托方 Clarification of the Client in a Federally Related Transaction（RP）

AO 26 向另一方的改送评估报告（改变接受者）Readdressing（Transferring）a Report to Another Party（ALL）

AO 27 为新委托方对相同资产进行评估 Appraising the Same Property for a New Client（ALL）

AO 28 工作范围的确定、履行与披露 Scope of Work Decision，Performance，and Disclosure（ALL）

AO 29 可接受的工作范围 An Acceptable Scope of Work（ALL）

AO 30 联邦监管的金融机构所使用的评估服务 Appraisals for Use by a Federally Regulated Financial Institution（RP）

AO 31 多个评估师参与的项目 Assignments Involving More Than One Appraiser（ALL）

AO 32 财产税从价计税评估与批量评估 Ad Valorem Property Tax Appraisal and Mass Appraisal Assignments（RP，PP）

AO 33 现金流量折现分析 Discounted Cash Flow Analysis（ALL）

AO 34 追溯性评估与预期性评估 Retrospective and Prospective Value Opinions（ALL）

AO 35 不动产和动产价值评估中的合理展示期 Reasonable Exposure Time in Real Property and Personal Property Opinions of Value（RP，PP）

AO 36 委托方、评估结论预期用途和预期使用者确定与披露 Identification and Disclosure of Client, Intended Use and Intended Users（ALL）

AO 37 计算机辅助评估工具 Computer Assisted Valuation Tools

英国评估准则名录
（2017 版）

1 引言 Introduction
2 术语 RICS glossary
3 专业准则 RICS professional standards（PS）
    PS 1 书面报告中遵守准则和评估执业声明的要求 Compliance with international standards and RICS professional statements where a written valuation is provided
    PS 2 道德、胜任能力、客观性和披露 Ethics, competency, objectivity and disclosures
    PS 3 遵守全球评估执业指南的要求 Compliance with RICS global valuation practice guidance
4 全球评估执业声明 RICS global valuation practice statements（VPS）
    VPS 1 业务约定书条款（工作范围）Terms of engagement（scope of work）
    VPS 2 勘查、调查和记录 Inspections, investigations and records
    VPS 3 评估报告 Valuation reports
    VPS 4 价值类型、假设和特殊假设 Bases of value, assumptions

and special assumptions

VPS 5 评估方法 Valuation approaches and methods

5 国际评估准则 IVSC International Valuation Standards（IVS）2013
6 全球评估执业指南 RICS global valuation practice guidance-applications（VPGAs）

VPGA 1 财务报告目的评估 Valuation for inclusion in financial statements

VPGA 2 不动产和其他有形资产担保目的评估 Valuation of interests in real property and other tangible assets for secured lending

VPGA 3 企业价值评估 Valuation of businesses and business interests

VPGA 4 个人交易相关资产评估 Valuation of individual trade related properties

VPGA 5 厂场和设备评估 Valuation of plant and equipment

VPGA 6 无形资产评估 Valuation of intangible assets

VPGA 7 包括艺术品和古董在内的动产评估 Valuation of personal property including arts and antiques

VPGA 8 不动产评估：勘查程序中需要考虑的关键证据，以及评估假设的适当性 Valuation of real property：Matters evident or to be considered during inspection, and the appropriateness of assumptions

主要参考文献

1. 潞潞:《准则与尺度》,北京出版社2003年版。
2. 朱自清:《标准与尺度》,广西师范大学出版社2004年版。
3. 中国资产评估协会:《监管计划:加强不动产评估监管的机会》,经济科学出版社2004年版。
4. 中国资产评估协会:《中国资产评估准则体系发布会系列活动文集》,经济科学出版社2008年版。
5. 中国资产评估协会:《国际评估准则2011》,经济科学出版社2012年版。
6. [奥地利]维克托·迈尔-舍恩伯格,盛扬燕、周涛译:《大数据时代》,浙江人民出版社2013年版。
7. 中国资产评估协会:CHINESE VALUATION STANDARD 2013(中国资产评估准则英文版),Wolters Kluwer Hong Kong Limited,2014年版。
8. 居斯塔夫·勒庞,胡小跃译:《乌合之众》,浙江文艺出版社2015年版。
9. [法]让-雅克·卢梭,陈阳译:《社会契约论》,浙江文艺出版社2016年版。
10. 袁杰、李承、魏莉华、丛林:《中华人民共和国资产评估法释义》,司法出版社2016年版。
11. 张国春:《宏观与国际视野下的中国资产评估》,经济科学出版社 2016 年版。
12. *International Valuation Standards* 2017.
13. *Unified Standards for Professional Appraisal Practice* 2018–2019.
14. *RICS Valuation Standards* 2017.